Janne Milla Neufeld

ENTDECKUNGS-POTENZIALE

EINE REISE ZU GLÜCK, FREUDE UND PERSÖNLICHEM WACHSTUM

AF192039

Impressum

Bibliografische Information der Deutschen Nationalbibliothek:
Die Deutsche Nationalbibliothek verzeichnet diese Publikation in der
Deutschen Nationalbibliografie;
detaillierte bibliografische Daten sind im Internet über dnb.dnb.de
abrufbar.

Die automatisierte Analyse des Werkes, um daraus Informationen
insbesondere über Muster, Trends und Korrelationen gemäß §44b
UrhG („Text und Data Mining") zu gewinnen, ist untersagt.

Verlag: BoD · Books on Demand GmbH, Überseering 33, 22297
Hamburg, bod@bod.de
Druck: Libri Plureos GmbH, Friedensallee 273, 22763 Hamburg

ISBN: 978-3-8192-0107-3

Janne Milla Neufeld

Entdeckungspotenziale

In Gedenken an Kim

Inhaltsverzeichnis

Vorwort

Dieses Buch ist aus unzähligen Momenten des Suchens, Fragens und Stillwerdens entstanden.

Lange Zeit war ich selbst unterwegs - Sorgen, Umwege, Schicksalsschläge, Krankheiten, Unsicherheiten und Zeiten, in denen ich nicht wusste, wie es weitergehen soll.
Und doch war da immer ein leiser Funke in mir: Die Ahnung, dass mein Leben einen Sinn hat - mit seinen Brüchen und Herausforderungen. Eine Ahnung, dass in mir etwas wartet, das gelebt werden möchte.

"Entdeckungspotenziale" ist kein Ratgeber im klassischen Sinne. Es ist vielmehr ein stiller "Wegbegleiter". Eine Sammlung aus Gedanken, Erfahrungen, Fragen und Impulsen, die sich auf meiner eigenen Reise gezeigt haben. Die ich nun gerne mit dir teilen möchte.
Denn ich glaube zutiefst: In jeder und jedem von uns liegt ein einzigartiges Potenzial. Nicht als Leistungsversprechen, sondern als leise Kraftquelle. Als Ausdruck unseres wahren Selbst mit vielen Möglichkeiten, welche wir nutzen sollten.

Vielleicht hältst du dieses Buch in einer Phase deines Lebens in den Händen, in der vieles in Bewegung ist. Vielleicht spürst du, dass etwas in dir wachsen will – aber du weißt noch nicht genau, was.
Dann möchte ich dir sagen: Du musst nicht alles sofort wissen. Es genügt, dich auf den Weg zu machen. In deinem Tempo. Mit deinem Herzen.

Ich wünsche mir, dass dieses Buch dir Mut macht. Dich stärkt. Und dich daran erinnert, wie kostbar dein Dasein ist – auch wenn es nicht immer leicht ist.

Lass uns gemeinsam Raum schaffen für das, was werden will.

Für dein inneres Licht.
Für dein lebendiges Potenzial.

In Verbundenheit,

Deine

Janne Milla Neufeld
Autorin & Biografiebegleitung

Impuls zum Innehalten

Nimm dir jetzt einen Moment.

Atme tief ein und wieder aus.

Spüre, wo du gerade stehst – nicht nur körperlich, sondern auch in deinem Herzen und deinem Geist.
Welche Sehnsucht hast du?
Welche leise Stimme in dir möchte gehört werden?

Vielleicht ist es der Wunsch nach Veränderung, nach Frieden, nach mehr Freude oder nach Freiheit.
Erlaube dir, diese Sehnsucht wahrzunehmen, ohne sie zu beurteilen.

Stell dir vor, du bist ein Gärtner oder eine Gärtnerin deiner Seele.
Was möchtest du heute säen?
Welche kleine Handlung könnte ein Same für dein neues Wachstum sein?

Schreibe dir diesen Gedanken auf oder behalte ihn in deinem Herzen.

Du darfst diesen Samen hegen und wachsen lassen – Schritt für Schritt.

P.S. Am Ende des Buches findest du Notizzeiten für dich.

Einladung zur Reise

Ein Buch für stille EntdeckerInnen, für Wandelnde und Suchende.

Manchmal verändert sich das Leben leise.
Ein Moment, eine Erkenntnis, ein Gefühl – und plötzlich spüren wir: Es darf anders werden. Vielleicht nicht sofort. Vielleicht nicht laut. Aber echt.

Dieses Buch ist eine Einladung an dich, deiner inneren Stimme zu lauschen und ihr Raum zu geben. Dich selbst zu sehen, mit allem, was war – und allem, was in dir schlummert.
Dich wahrzunehmen - mit all deinen Erfahrungen. Es führt dich behutsam durch die Tiefen deiner Geschichte, hin zu deinen verborgenen Stärken, zu den Quellen deiner Freude, deiner Kreativität, deines Mutes. Es begleitet dich zu deinen verborgenen Stärken.

Es braucht keinen großen Umbruch, um zu wachsen. Oft reicht ein stiller Blick nach innen. Ein erster Schritt. Ein ehrliches Wort. Ein bewusstes Innehalten. Ein Moment, in dem du dich entscheidest, dich anzunehmen, wie du bist. Vielleicht bist du schon lange unterwegs, vielleicht stehst du am Anfang. Vielleicht bist du erschöpft oder fragst dich, wo dein Platz ist. Hier darfst du verweilen. Hier musst du nichts leisten.
Du darfst lesen, still sein, nachdenken und dich fallen lassen.

Du darfst anhalten, weiterblättern und zurückgehen – es gibt kein „richtig" oder „falsch" in dieser Reise.

Ich lade dich ein, nicht nur mit dem Verstand zu lesen, sondern mit deinem ganzen Wesen. Spüre nach, wo Worte in dir Resonanz erzeugen. Vielleicht möchtest du dir Notizen machen, vielleicht brauchst du Pausen. Alles ist willkommen.

Die Seiten, die vor dir liegen, möchten dich begleiten – mit Fragen, Impulsen und leisen Gedanken, die dir Mut machen. Sie wollen dich daran erinnern: Du bist nicht allein. Dein Weg ist einzigartig und wertvoll. Und dein Potenzial wartet nicht darauf, perfekt zu sein – sondern ehrlich gelebt zu werden in seiner ganzen Echtheit.
Manche Kapitel sind still. Andere voller Fragen. Manche sprechen von Schmerz – viele von Hoffnung. Alle aber sind verbunden durch eines: den Wunsch, dich an dein eigenes Potenzial zu erinnern. An das, was in dir wohnt, auch wenn das Leben dich gezeichnet hat.
Du bist mehr, als du glaubst. Und du bist nicht allein.
Komm mit – Schritt für Schritt in deinem Tempo.

Lass uns gemeinsam aufbrechen.
Zu dir. In dein Leben. In dein mögliches Morgen.
Du kannst dein Morgen mitgestalten - mit Hoffnung, mit Vertrauen und mit der Kraft, die in dir wohnt. Denn jede Reise beginnt mit einem einzigen Schritt. Und jeder Schritt öffnet Türen zu neuen Welten - in dir und um dich herum.

Weil dein Weg zählt – so, wie er ist.

Kapitel 1

Ankommen bei sich selbst

„Der erste Weg nach vorne führt oft zurück zu dir selbst."

Bevor wir uns entfalten, dürfen wir ankommen – bei uns selbst, mit allem, was ist.
In einer Welt voller Lärm, Erwartungen und äußerer Maßstäbe verlieren wir leicht den Kontakt zu unserer inneren Stimme.

Dieser erste Teil lädt dich ein, still zu werden, dich selbst liebevoll wahrzunehmen und dein Innerstes wieder zu spüren. Denn echtes Wachstum beginnt im Moment der Selbstannahme.

Es gibt Momente im Leben, in denen wir spüren: So wie es ist, soll es nicht bleiben. Vielleicht ist es eine leise Unzufriedenheit, ein Gefühl der Enge oder ein immer wiederkehrender Gedanke, der uns nicht loslässt.
Doch bevor wir etwas verändern können, braucht es einen mutigen Schritt: hinzusehen. Still zu werden. Und uns zu fragen – ganz ehrlich: *Wo stehe ich gerade wirklich?*

Wir leben in einer Welt, die uns oft antreibt, überfordert oder ablenkt. Schnell verlieren wir uns im Außen: in Erwartungen, To-do-Listen, Vergleichen, Hektik, Alltagssorgen.
Das Ankommen im Jetzt, im eigenen Sein, ist daher nicht selbstverständlich. Es ist eine bewusste Entscheidung. Und ein Akt der Selbstliebe.

Vielleicht fühlt sich dein JETZT nicht rund an. Vielleicht trägst du eine Geschichte mit dir, die schwer wiegt, oder eine Hoffnung, die brüchig geworden ist.

Und doch: Hier beginnt dein Weg. Nicht morgen - nicht, wenn du "bereit" bist – sondern jetzt. Mit allem, was du bist.

Wenn du still wirst und spürst, findest du vielleicht nicht sofort Antworten. Aber du schenkst dir und deinen Gefühlen Präsenz. Und dies ist der Anfang jeder Veränderung.

Veränderung beginnt nicht im Außen, sondern tief in unserem Inneren. Sie beginnt mit dem Mut, einen Moment innezuhalten – bewusst zu atmen, sich zurückzuziehen aus dem Getriebe des Alltags und zu lauschen. Innehalten bedeutet, Raum zu schaffen für die Begegnung mit sich selbst, jenseits der Rollen, Erwartungen und Verpflichtungen, die uns oft so fest umklammern.

Wer bin ich wirklich, wenn die Masken fallen?

Wenn ich nicht die Tochter, der Kollege, die Freundin oder der perfekte Partner bin?
Diese Frage mag einfach klingen, doch ihre Antwort öffnet eine Tür zu einer Welt, die voller Leben und Tiefe ist.
Hinter all den Rollen verbirgt sich ein Kern, ein unverwechselbares Wesen, das sich danach sehnt, gesehen und gehört zu werden.

Doch oft ist es schwierig, diese innere Stimme wahrzunehmen. Denn sie wird übertönt von Zweifeln, Ängsten und alten Mustern, die wir über die Jahre in uns angesammelt haben. Selbstzweifel sind wie Schatten, die uns begleiten und unsere Sicht auf uns selbst trüben. Sie flüstern, dass wir nicht gut genug sind, dass wir scheitern werden oder nicht liebenswert sind. Diese Stimmen sind jedoch nicht die Wahrheit, sie sind Erzählungen, die wir längst hinterfragen dürfen.

Der Umgang mit diesen inneren Kritiken ist eine der wichtigsten Aufgaben auf dem Weg zu sich selbst.
Es braucht Geduld, Mitgefühl und vor allem das bewusste Wahrnehmen, um diese Muster zu erkennen und ihnen nicht mehr die Macht zu geben.
Es ist ein Prozess des Loslassens und zugleich des Annehmens. Denn der erste wirkliche Schritt zur Veränderung ist die Selbstannahme. Nicht als passives Hinnehmen von allem, was ist, sondern als liebevolle Begegnung mit dem eigenen Sein. Sich selbst anzunehmen bedeutet, sich in seiner Ganzheit zu umarmen – mit Stärken und Schwächen, Licht und Schatten.

Es bedeutet, sich selbst Raum zu geben, um zu wachsen und sich zu entfalten, ohne den ständigen Druck, anders sein zu müssen.

Innehalten. Wahrnehmen. Annehmen. Das sind die Säulen, auf denen jede nachhaltige Veränderung ruht.
Wenn wir diesen Weg gehen, beginnen wir wirklich anzukommen: bei uns selbst.

"Wenn ich ganz ehrlich in mein Inneres lausche – was erzählt mir mein Leben gerade über mich?
Und was möchte vielleicht neu entstehen?"

Der Anfang jeder Veränderung liegt im Innehalten.

Wer bin ich - jenseits der Rollen?

In unserem Alltag nehmen wir viele Rollen ein: Wir sind Eltern, Freunde, Kollegen, Partner – und oft messen wir unseren Wert daran, wie gut wir diese Rollen erfüllen.
Doch diese äußeren Fassaden sind nur ein Teil von uns. Jenseits der Erwartungen, die andere an uns stellen, liegt unser wahres Selbst verborgen. Es ist das Gefühl, das bleibt, wenn alle Masken fallen und wir ganz bei uns sind.

„Wer bin ich wirklich?"
Ist eine Einladung, sich selbst zu entdecken – ohne Beurteilung, ohne Anpassung. Es ist ein Raum, in dem wir ehrlich sein dürfen, verletzlich und ganz echt.
Wir alle tragen Rollen in unserem Leben – bewusst oder unbewusst. Rolle der Tochter oder des Sohnes, Partnerin oder Partner, Elternteil, Berufstätige, Freund oder Freundin. Diese Rollen sind Teil unseres Alltags, sie geben Struktur und Orientierung. Aber wer sind wir, wenn wir all diese Rollen ablegen? Wenn wir tief in uns hineinhören und jenseits der äußeren Zuschreibungen schauen?

Diese Frage ist mehr als nur eine Gedankenspielerei.
Sie ist der Schlüssel zur Selbsterkenntnis und zu einem authentischen Leben. Denn Rollen sind oft geprägt von Erwartungen – unseren eigenen, aber vor allem von denen anderer. Sie können uns beschützen und Halt geben, aber auch einengend und belastend sein. Hinter jeder Rolle steckt ein Bedürfnis nach Anerkennung, Zugehörigkeit oder Sicherheit.

Wenn wir zu sehr in unseren Rollen verhaftet sind, verlieren wir den Zugang zu unserem wahren Selbst, zu der Essenz, die unveränderlich und einzigartig ist.
Jenseits der Rollen liegt die Freiheit, einfach zu sein – ohne Maske, ohne Urteil, ohne Anpassung. Es ist ein Zustand, in dem wir uns selbst begegnen können, so wie wir wirklich sind: mit all unseren Stärken, Schwächen, Träumen und Ängsten.

Dieser Zugang ist oft verschüttet durch die Anforderungen des Lebens und den Druck, „funktionieren" zu müssen.
Deshalb braucht es Mut und Zeit, um innezuhalten, die Rollen kurz abzulegen und in die eigene Tiefe zu tauchen.
Die Reise zu sich selbst jenseits der Rollen beginnt mit einem bewussten Wahrnehmen. Wer bin ich, wenn ich mich nicht über meinen Beruf definiere? Wenn ich keine Erwartungen erfüllen muss? Wenn ich mich selbst frage: Was macht mich wirklich aus?
Dabei kann es hilfreich sein, sich Fragen zu stellen, die nicht oberflächlich bleiben, sondern tiefgründig sind: *Was sind meine Werte? Welche Bedürfnisse habe ich wirklich? Wovon träume ich? Was bewegt mein Herz?*

Es ist wichtig, diesen Fragen Raum zu geben, ohne sofort Antworten erzwingen zu wollen.

Manchmal offenbart sich das Selbst in kleinen Momenten der Stille, im bewussten Atmen oder in der Beobachtung der eigenen Gedanken und Gefühle.

Meditation, Tagebuchschreiben oder Spaziergänge in der Natur können dabei helfen, den Kontakt zu dieser inneren Stimme zu stärken.

Wenn wir uns immer wieder erlauben, unsere Rollen loszulassen und unsere Essenz zu spüren, entwickeln wir eine innere Klarheit und Stärke, die unabhängig von äußeren Umständen besteht. Diese Klarheit ist ein wertvoller Anker, der uns in herausfordernden Zeiten Orientierung gibt. Sie hilft uns, Entscheidungen zu treffen, die wirklich zu uns passen, und Beziehungen authentisch zu leben.

Der Weg „jenseits der Rollen" bedeutet auch, sich von der Vorstellung zu verabschieden, perfekt sein zu müssen.

Unser wahres Selbst ist nicht fehlerfrei, sondern lebendig, verletzlich und einzigartig.

Es ist die Akzeptanz dieser Ganzheit, die uns inneren Frieden schenkt und uns zu einer liebevollen Haltung uns selbst gegenüber führt. Diese Selbsterkenntnis hat auch eine befreiende Wirkung auf unser Umfeld. Wenn wir uns selbst authentisch zeigen, laden wir andere ein, dasselbe zu tun.

So entstehen echte Begegnungen, die von Echtheit und Verbundenheit geprägt sind – weit entfernt von oberflächlichen Zuschreibungen oder Rollenklischees.

Fakt ist: Wer wir jenseits der Rollen sind, ist das Fundament eines erfüllten Lebens. Es ist der Raum, in dem unsere Seele atmet, unser Herz schlägt und unsere wahre Kraft lebt.

Indem wir diesen Raum immer wieder aufsuchen und pflegen, schaffen wir die Grundlage für Veränderung, Wachstum und ein Leben, das im Einklang mit unserem tiefsten Selbst steht.

Die Stimme im Inneren wahrnehmen

Inmitten der vielen Stimmen, die uns täglich begegnen – von außen und innen – gibt es eine ganz besondere, die oft leise und zart ist: die eigene innere Stimme. Sie ist der Kompass unserer Seele, die Quelle von Weisheit, Intuition und Wahrheit.

Doch in einer Welt, die laut und schnell ist, fällt es uns oft schwer, diese innere Stimme klar zu hören und ihr zu vertrauen. Sie kann uns Mut zusprechen, uns warnen oder trösten. Sie zeigt uns, was wirklich wichtig ist.

Doch allzu oft nehmen wir sie nicht bewusst wahr, weil das Außen zu laut ist oder wir uns selbst nicht zuhören wollen.

Um sie zu hören, brauchen wir Stille und Achtsamkeit. Es ist ein Prozess des Zuhörens und Vertrauens, der uns Schritt für Schritt näher zu uns selbst bringt.

Unsere innere Stimme spricht nicht in lauten Worten oder Befehlen, sondern in feinen Gefühlen und leisen Impulsen. Sie ist wie ein sanftes Flüstern, das uns aufmerksam macht auf das, was wirklich wichtig ist.

Diese Stimme ist keine innere Kritikerin, sondern ein liebevoller Begleiter, welcher uns ermutigt, unseren Weg authentisch zu gehen.

Leider wird die innere Stimme häufig übertönt – durch äußere Erwartungen, gesellschaftliche Normen, Selbstzweifel und innere Ängste, Sorgen und Nöte.
Oft verwechseln wir das Rauschen im Kopf mit der echten, klaren Stimme des Herzens. Deshalb brauchen wir Bewusstheit und Übung, um diese Stimme wieder wahrzunehmen und ihr zu vertrauen.

Ein erster Schritt ist das Innehalten: den Alltag kurz anhalten, den Atem spüren und den Geist beruhigen. In diesen Momenten der Stille kann die innere Stimme Raum bekommen. Meditation, Achtsamkeit oder einfach bewusste Pausen helfen uns dabei, vom Lärm des Außen und des Gedankenkarussells Abstand zu gewinnen und die innere Stimme klarer zu vernehmen.
Wichtig ist auch, die eigene innere Stimme nicht mit Erwartungen zu überfrachten. Sie zeigt sich oft in Bildern, Gefühlen oder Gedanken, die wir nicht sofort verstehen müssen. Manchmal ist es ein Gefühl von „Ja" oder „Nein", ein warmes Gefühl der Gewissheit oder ein unruhiges Ziehen, das uns auf etwas aufmerksam macht. Diese Signale sind kostbar und verdienen es, gehört und respektiert zu werden.

Die innere Stimme wahrzunehmen bedeutet auch, ihr Raum zu geben, ohne sofort zu bewerten oder zu analysieren.

Sie ist Ausdruck unserer tiefsten Bedürfnisse und unserer wahren Essenz. Wenn wir lernen, ihr zuzuhören, öffnen wir einen Zugang zu unserer Intuition, die uns auf authentische Weise durch unser Leben führt.

Vertrauen in die innere Stimme entsteht durch Praxis und Geduld. Je mehr wir uns auf sie einlassen, desto klarer wird ihre Sprache und desto sicherer wird unser Handeln.
Wir erkennen, dass wir nicht allein Entscheidungen treffen, sondern begleitet werden von einer inneren Weisheit, die uns trägt – selbst in ungewissen Zeiten. Diese Verbindung zur inneren Stimme stärkt unsere Selbstwahrnehmung und Selbstannahme. Sie hilft uns, uns selbst liebevoll zu begegnen, mit all unseren Stärken und Schwächen.
Und sie schenkt uns den Mut, unseren eigenen Weg zu gehen, auch wenn dieser nicht immer leicht oder gerade ist.

Im Alltag können wir kleine Rituale einbauen, um die innere Stimme zu stärken: Ein Tagebuch führen, in dem wir Gedanken und Gefühle festhalten. Ein bewusster Spaziergang in der Natur, bei dem wir aufmerksam auf die eigenen Impulse hören. Oder das Gespräch mit einer vertrauten Person, die uns reflektiert und unterstützt, unsere innere Stimme zu erkennen.

Das Wahrnehmen der inneren Stimme ist eine Einladung, tiefer in Kontakt mit uns selbst zu treten. Sie erinnert uns daran, dass wir die Hauptperson in unserem Leben sind und dass unser Herz oft mehr weiß als unser Verstand. Wenn wir dieser Stimme folgen, finden wir zu mehr Klarheit, Freiheit und innerem Frieden.

Umgang mit Selbstzweifeln und alten Mustern

Selbstzweifel sind ein vertrauter Begleiter vieler Menschen. Sie entstehen aus Erfahrungen, Prägungen und oft unbewussten Glaubenssätzen, die uns "kleinhalten" wollen.

Diese inneren Zweifel können lähmen und uns davon abhalten, unser volles Potenzial zu leben. Doch sie sind kein Urteil über unser wahres Wesen, sondern ein Signal, dass Heilung und Veränderung möglich sind. Der Umgang mit diesen Zweifeln erfordert Mut und Mitgefühl.

Indem wir sie bewusst wahrnehmen, hinterfragen und neue, stärkende Gedanken wählen, können wir alte Muster durchbrechen und unseren Weg frei machen.

Selbstzweifel und alte Verhaltensmuster gehören zu den größten Herausforderungen auf dem Weg zu einem authentischen und erfüllten Leben. Sie können wie unsichtbare Fesseln wirken, die uns zurückhalten und unsere Entwicklung hemmen. Doch gleichzeitig bergen sie auch eine wertvolle Botschaft – denn in ihnen steckt die Möglichkeit zur Heilung und zum Wachstum. Selbstzweifel entstehen häufig aus Erfahrungen der Vergangenheit: aus negativen Bewertungen, unerfüllten Erwartungen oder Verletzungen.

Sie flüstern uns zu, dass wir nicht gut genug sind, dass wir versagen könnten oder nicht geliebt werden.

Diese Stimmen wirken oft laut und überzeugend, obwohl sie längst nicht die ganze Wahrheit erzählen. Selbstzweifel sind Teil unserer inneren Kritikerin, die versucht, uns zu schützen, indem sie uns vor Enttäuschungen bewahren will.

Gleichzeitig sind Selbstzweifel eng verknüpft mit alten Mustern – automatischen Denk- und Verhaltensweisen, die sich im Laufe der Zeit eingeprägt haben. Diese Muster sind wie Pfade, die wir immer wieder begehen, oft unbewusst. Sie können uns in Schleifen führen, in denen wir uns immer wieder die gleichen Zweifel, Ängste und Selbstbeschränkungen begegnen.

Das bewusst werden ist der erste Schritt im Umgang mit Selbstzweifeln und alten Mustern. Indem wir aufmerksam und ohne Urteil beobachten, welche Gedanken und Gefühle auftauchen, öffnen wir den Raum für Veränderung. Diese Haltung der Achtsamkeit erlaubt es uns, uns von den negativen Stimmen zu distanzieren und sie als das zu erkennen, was sie sind: alte Geschichten, nicht unsere Essenz.

Es hilft, die Selbstzweifel zu hinterfragen: Sind sie wirklich wahr? Welche Beweise sprechen dagegen? Oft entpuppen sich Zweifel als diffuse Ängste, die in der Gegenwart nicht mehr gelten müssen.
Dieser Perspektivwechsel schafft Raum für neue Gedanken und Handlungen.

Auch das Erkennen der eigenen Muster ist befreiend. Wenn wir verstehen, wie und wann bestimmte Glaubenssätze entstanden sind, können wir sie liebevoll hinterfragen und neu gestalten. Das ist kein einfacher Prozess, sondern ein Weg, der Geduld und Mitgefühl mit sich selbst verlangt. Jeder kleine Schritt, in dem wir bewusst anders handeln oder denken, ist ein Sieg gegen die inneren Fesseln.

Ein kraftvoller Begleiter auf diesem Weg ist die Selbstannahme. Wenn wir uns selbst mit all unseren Unsicherheiten und Schattenseiten annehmen, verlieren Selbstzweifel an Macht. Selbstannahme bedeutet nicht, alles gutzuheißen, sondern liebevoll mit uns selbst umzugehen und den Raum zu schaffen, der Wachstum ermöglicht.

Es kann auch hilfreich sein, sich Unterstützung zu suchen – sei es durch Gespräche mit vertrauten Menschen, durch Coaching oder therapeutische Begleitung. Oft brauchen wir Außenperspektiven, die uns helfen, die alten Muster zu erkennen und neue Wege zu gehen. Praktische Übungen wie das Führen eines Gedanken-Tagebuchs, das Formulieren positiver Affirmationen oder Meditationen zur Selbstliebe können den Prozess zusätzlich stärken. Indem wir unsere Aufmerksamkeit bewusst auf das "Positive" richten, nähren wir ein neues inneres Bild von uns selbst.

Der Umgang mit Selbstzweifeln und alten Mustern ist keine einmalige Aufgabe, sondern eine lebenslange Begleitung.
Jeder Schritt, den wir wagen, ist ein Zeichen von Mut und Selbstfürsorge. Indem wir diese inneren Herausforderungen annehmen, öffnen wir uns für unsere wahre Kraft und Freiheit.

So verwandeln sich Zweifel und Muster nicht mehr in Hindernisse, sondern in Wegweiser, die uns tiefer zu uns selbst führen. Und aus diesem Raum des Verstehens und der Akzeptanz entsteht ein neues Leben – eines, das getragen ist von Selbstvertrauen, Zuversicht und innerer Klarheit.

Der erste Schritt: Selbstannahme

Selbstannahme ist mehr als ein Wort – es ist eine Haltung, die uns ganzheitlich mit uns selbst verbindet. Es bedeutet, sich mit allen Facetten zu begegnen, ohne sich zu verurteilen. Selbstannahme öffnet den Raum für Veränderung, weil sie uns aus dem Kampf mit uns selbst befreit. Sie ist der Anfang von Selbstliebe und Selbstfürsorge.

Wenn wir lernen, uns anzunehmen, schaffen wir die Basis, um authentisch zu leben, Grenzen zu setzen und uns selbst treu zu bleiben. Selbstannahme ist der erste Schritt auf dem Weg zu einem erfüllten und selbstbestimmten Leben.

Selbstannahme ist der liebevolle und mutige Anfang eines Weges, der uns tiefer zu uns selbst führt. Sie ist kein Ziel, das wir einmal erreichen und dann abhaken können, sondern eine lebenslange Praxis des Sich-Einladens. Sich selbst Mitgefühl zu schenken und das JETZT zu akzeptieren.

Vielleicht kennst du das Gefühl, dich selbst nicht vollständig willkommen zu heißen, wenn du Fehler machst, Schwächen zeigst oder einfach mal nicht so bist, wie du glaubst, sein zu müssen. Diese Momente sind oft von harscher Selbstkritik begleitet, die uns klein macht und uns daran hindert, in unsere volle Kraft zu treten.

Doch genau hier, an diesem scheinbaren Schwachpunkt, beginnt die Einladung zur Selbstannahme.

Selbstannahme bedeutet, sich selbst mit all den vermeintlichen Makeln, Unvollkommenheiten und Zweifeln zu begegnen – nicht um in Resignation zu verharren, sondern um einen sicheren, liebevollen Raum in uns zu schaffen. Es ist, als würden wir uns selbst die Hand reichen, um uns zu trösten, zu stärken und zu ermutigen. Ein Raum, in dem wir verstanden und gehalten werden, ohne Bedingungen.

Dieser Schritt braucht Mut.
Denn Selbstannahme heißt auch, die Geschichten loszulassen, die uns über uns selbst erzählen und uns in ein bestimmtes Bild zwängen. Es heißt, die Maske fallen zu lassen und ehrlich zu sich zu sein – auch wenn es sich zunächst verletzlich anfühlt. Doch in dieser Verletzlichkeit liegt große Kraft, weil sie den Zugang zu unserer Authentizität öffnet.

Ein kraftvoller Weg zur Selbstannahme ist die bewusste Achtsamkeit für die eigenen Gefühle und Gedanken. Wenn wir lernen, uns selbst liebevoll zuzuhören, ohne zu urteilen oder zu verurteilen, beginnt eine heilsame Begegnung. Wir erkennen, dass wir mehr sind als unsere Fehler, mehr als unsere Ängste und Zweifel – wir sind lebendig, wertvoll und einzigartig.

Es hilft auch, sich selbst kleine Liebesbeweise zu schenken:
sei es durch ein freundliches Wort, eine bewusste Pause, ein Geschenk an die eigene Seele oder einfach das Erlauben, Fehler zu machen und daraus zu lernen.
Diese kleinen Akte der Selbstfürsorge nähren das Vertrauen und die Verbindung zu uns selbst.

Manchmal kann es hilfreich sein, sich bewusst zu fragen:
„Wie würde ich mit einem guten Freund umgehen, der gerade in einer ähnlichen Situation ist?"
Oft sind wir für andere viel liebevoller als für uns selbst.

Selbstannahme lädt uns ein, diese gleiche Herzenswärme und Freundlichkeit uns selbst gegenüber zu entfalten.

Wenn wir diesen ersten Schritt wagen, entsteht ein Fundament, auf dem alles Weitere wachsen kann. Selbstannahme öffnet den Raum für Veränderung – nicht aus Zwang, sondern aus einer Haltung der Liebe und des Respekts vor dem eigenen Sein. Sie ist der Beginn eines neuen Kapitels, in dem wir uns erlauben, wirklich zu leben.

Mit jeder kleinen Geste der Selbstannahme stärken wir unseren inneren Kern und können uns authentischer und freier zeigen. Wir befreien uns von der Last, perfekt sein zu müssen, und geben uns selbst die Erlaubnis, Mensch zu sein – mit all unseren Farben, unserer Tiefe und unserem Licht.

Kapitel 2

Wurzeln erkennen und Mensch sein

Kapitel 2
Wurzeln erkennen und Mensch sein

„Unsere Vergangenheit ist nicht das Ende, sondern oft der Anfang unserer Tiefe."

Wir alle tragen Geschichten in uns – von Licht und von Schatten. Manche davon sind gehört, andere verdrängt. Doch wenn wir den Mut finden, auf unsere Lebensspur zu blicken, erkennen wir: Jede Erfahrung, jede Wunde, jedes Stolpern formt uns. In diesem Teil wirst du eingeladen, deine Wurzeln liebevoll zu betrachten, dein inneres Kind zu sehen und alte Erzählungen neu zu deuten – in deinem eigenen Tempo.

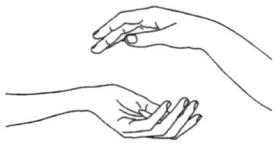

Oft glauben wir, wir müssten etwas Besonderes leisten, stark sein, durchhalten. Wir stellen Anforderungen an uns, die uns überfordern. Wir verlieren dabei das Mitgefühl mit uns selbst.

Echtes Wachstum beginnt dort, wo wir uns wieder erlauben, einfach Mensch zu sein. Mit Zweifeln, mit Wunden, mit Sehnsüchten. Mit Wut und Verletzlichkeit. Mit Freude und Stolz. Du darfst so sein, wie du bist – genau jetzt.
Das ist keine Schwäche, sondern der Boden, auf dem dein inneres Potenzial zu wachsen beginnt. Wenn wir uns selbst in liebevoller Ehrlichkeit begegnen, öffnen sich neue Räume.

Nicht weil wir perfekt sind. Sondern weil wir echt sind.

Jeder von uns trägt eine Geschichte in sich – einzigartig, vielschichtig und voller Erinnerungen. Diese Geschichte ist wie ein geheimer Schatz, der uns Form und Halt gibt, aber auch tief verwundbar macht. Wenn wir uns erlauben, zurückzublicken und unsere Wurzeln bewusst zu erkennen, öffnen wir den Raum, um unser Leben in seiner Ganzheit zu verstehen. Dabei begegnen wir Licht und Schatten, Freude und Schmerz, Erfolg und Verletzungen – allesamt Teile unseres Menschseins. Wurzeln sind nicht nur das Fundament, auf dem wir stehen, sondern auch der Ursprung unseres Wachstums. Verletzungen, die wir erlebt haben, sind keine Hindernisse, die uns auf ewig zurückhalten – sie können der Ausgangspunkt für tiefgreifende Transformation sein.

Indem wir unsere Lebensgeschichte neu betrachten und das eigene Narrativ* verwandeln, können wir uns von alten Begrenzungen befreien und das Geschenk unseres Menschseins voll annehmen.

Unsere Vergangenheit ist wie ein dichter Wald aus Licht und Schatten, aus Momenten der Freude und Zeiten des Schmerzes. Sie formt uns, prägt unsere Sicht auf die Welt und auf uns selbst. Doch allzu oft tragen wir alte Verletzungen mit uns, ohne sie wirklich zu verstehen oder anzunehmen. Es geht darum, die Wurzeln unseres Seins zu erkennen, die Geschichten unseres Lebens neu zu deuten und Verletzungen als kraftvolle Ausgangspunkte für Wachstum zu nutzen.

*Begriffserklärung im Glossar (ab Seite 159)

"Welche Seiten an mir habe ich lange versteckt oder bewertet? Und was würde sich verändern, wenn ich sie mit Mitgefühl anschauen würde?"

Unsere Vergangenheit prägt – aber bestimmt sie uns?

Biografische Rückschau: Licht und Schatten

Unsere Lebensgeschichte ist ein Geflecht aus Momenten des Lichts und der Dunkelheit. Jeder Mensch trägt sowohl glückliche Erinnerungen als auch Erfahrungen, die schmerzen. Die bewusste Rückschau auf diese Facetten ermöglicht es uns, unser Leben in seiner ganzen Tiefe zu verstehen. Das Anerkennen von Licht und Schatten macht uns menschlich und vollständig. Es ist der erste Schritt, um sich selbst mit all seinen Facetten wertzuschätzen und anzunehmen.

Wenn wir unsere Lebensgeschichte betrachten, offenbart sich ein faszinierendes Geflecht aus hellen und dunklen Momenten. Die strahlenden Zeiten, in denen wir uns lebendig, geliebt und frei fühlten, und die dunkleren Phasen, die uns geprägt, manchmal auch verletzt haben. Diese biografische Rückschau ist kein Blick zurück, um uns in der Vergangenheit zu verfangen, sondern eine bewusste Einladung, die Komplexität unseres Lebens zu erkennen und anzunehmen.

Licht und Schatten gehören untrennbar zusammen. Ohne die Schatten könnten wir das Licht nicht wahrnehmen – sie sind wie die Kontraste in einem Gemälde, die die Tiefe und Schönheit erst sichtbar machen. Oft neigen wir jedoch dazu, die dunklen Seiten zu verdrängen oder zu verleugnen, weil sie schmerzen oder Angst machen. Doch gerade in diesen Schatten liegen wertvolle Schlüssel zu unserem inneren Wachstum.

Die bewusste Auseinandersetzung mit unserer Vergangenheit bedeutet, mit Mitgefühl und Offenheit zu schauen. Wir können erkennen, wie bestimmte Erfahrungen unsere Glaubenssätze, Gefühle und Verhaltensmuster geprägt haben. Vielleicht haben wir gelernt, uns kleinzumachen, um geliebt zu werden oder uns abzugrenzen, um nicht verletzt zu werden. Diese Erkenntnis ist der erste Schritt, um aus alten Automatismen auszubrechen.

Dabei ist es wichtig, sich nicht in Schuldzuweisungen zu verlieren – weder gegenüber anderen noch uns selbst. Stattdessen können wir die eigene Geschichte als wertvolle "Lehrerin" sehen, die uns geleitet hat, soweit wir es zu dem jeweiligen Zeitpunkt konnten. Mit dieser Haltung entsteht ein heilender Raum, in dem alte Wunden langsam zur Ruhe kommen können. Indem wir Licht und Schatten in unserer Biografie integrieren, schaffen wir eine ganzheitliche Sicht auf uns selbst. Diese Ganzheit ist die Grundlage für Selbstakzeptanz und innere Freiheit. Sie ermöglicht es uns, unser Leben nicht mehr als Opfergeschichte zu sehen, sondern als einen lebendigen Prozess, in dem wir Gestalterinnen und Gestalter unseres Weges sind.

Verletzungen als Ausgangspunkt für Wachstum

Verletzungen hinterlassen Spuren – sowohl sichtbar als auch unsichtbar. Doch sie sind nicht nur Wunden, die heilen müssen, sondern auch Tore zu innerem Wachstum. Indem wir uns unseren Verletzungen zuwenden, statt sie zu verdrängen, öffnen wir die Möglichkeit, daraus Kraft zu schöpfen.
Schmerz wird so zum Lehrer, der uns wichtige Erkenntnisse über uns selbst schenkt und den Weg zu mehr Selbstverständnis und Resilienz ebnet.

Verletzungen, ob sichtbar oder verborgen, sind oft die tiefsten Wunden, die wir in unserem Leben tragen. Sie können schmerzen, lähmen und den Blick auf uns selbst und die Welt verdunkeln. Doch diese Verletzungen bergen auch eine große Kraft – die Kraft der Transformation und des Wachstums.
Jede Verletzung erzählt eine Geschichte:
von Grenzüberschreitungen, Enttäuschungen, Verlusten oder Ablehnung. Sie hinterlässt Spuren in unserem Inneren, die unser Verhalten und unsere Gefühle prägen können.
Häufig versuchen wir, diese Schmerzen zu verdrängen oder zu verleugnen, aus Angst vor erneutem Leid oder Scham. Doch genau in diesem Verdrängen bleibt der Schmerz oft lebendig und beeinflusst unbewusst unser Leben. Der mutige Weg besteht darin, die Verletzungen bewusst wahrzunehmen und ihnen Raum zu geben. Wenn wir bereit sind, uns unseren Schmerzen zuzuwenden – ohne uns selbst zu verurteilen oder zu fliehen – öffnen wir das Tor zu innerer Heilung. Dieses bewusste Wahrnehmen kann anfangs wehtun, doch es ist zugleich ein kraftvoller Schritt hin zur Selbstbefreiung.

Verletzungen können uns lehren, unsere Grenzen besser wahrzunehmen und zu achten. Sie erinnern uns daran, dass wir schützenswert sind und es verdienen, mit Respekt und Liebe behandelt zu werden. Aus diesem Bewusstsein erwächst eine neue Stärke – die Fähigkeit, uns selbst zu verteidigen und für unser Wohlbefinden einzustehen.

Wachstum entsteht oft in der Spannung zwischen Schmerz und Heilung. Wenn wir die Verletzungen als Teil unserer Geschichte anerkennen, können wir beginnen, sie neu zu deuten. Wir entdecken darin Potenziale für Mitgefühl – mit uns selbst und anderen – und entwickeln eine tiefere Verbindung zu unserem inneren Selbst.

Diese Reise ist kein einfacher Prozess, sondern ein Weg, der Geduld und Selbstfürsorge erfordert. Es ist hilfreich, sich Unterstützung zu suchen, sei es durch vertraute Menschen, therapeutische Begleitung oder heilende Rituale. Im behutsamen Begleiten des Heilungsprozesses entsteht eine neue innere Freiheit, die es uns ermöglicht, unser Leben mit mehr Vertrauen und Leichtigkeit zu gestalten.

Schließlich ist es wichtig zu erkennen: Verletzungen müssen nicht unser Schicksal bestimmen. Sie sind Kapitel unserer Geschichte, aber sie definieren nicht unseren Wert oder unsere Zukunft. Indem wir sie als Ausgangspunkt für Wachstum nutzen, verwandeln wir Schmerz in Kraft und eröffnen uns einen Raum für neues Leben und neue Möglichkeiten.

Lebensgeschichten neu deuten lernen

Unsere Erinnerungen sind nicht festgeschrieben, sondern können immer wieder neu betrachtet und interpretiert werden. Die Art, wie wir unsere Vergangenheit erzählen, beeinflusst unser Selbstbild und unsere Gegenwart. Indem wir lernen, unsere Lebensgeschichte aus einer anderen Perspektive zu betrachten, öffnen wir Raum für Heilung und Veränderung. Plötzlich können belastende Ereignisse als Herausforderungen gesehen werden, die uns stärker und weiser gemacht haben. Diese Neubewertung gibt uns die Möglichkeit, uns von alten Begrenzungen zu lösen und unser Leben bewusst zu gestalten.

Unsere Lebensgeschichte ist wie ein Buch, dessen Seiten wir im Laufe der Zeit gefüllt haben – mit Erlebnissen, Erfahrungen, Erinnerungen, Gefühlen und Gedanken. Oft tragen wir eine bestimmte Erzählung über uns selbst mit uns herum, die wir für die Wahrheit halten: Wer wir sind, was wir können oder nicht können, was wir verdienen oder nicht. Diese Erzählungen prägen unser Selbstbild, unsere Beziehungen und unsere Entscheidungen. Doch was, wenn wir dieses Buch nicht als starre, festgeschriebene Geschichte sehen, sondern als lebendiges Werk, das wir immer wieder neu lesen, interpretieren und umschreiben dürfen? Das ist die Einladung, unsere Lebensgeschichten neu zu deuten – um uns von alten Begrenzungen zu befreien und neue Perspektiven zu eröffnen.

Warum ist es so wichtig, die eigene Geschichte neu zu deuten? Weil wir alle Geschichten aus der Vergangenheit mit uns tragen, die manchmal wie unsichtbare Fesseln wirken.

Vielleicht hast du eine innere Stimme, die dir sagt, du seist nicht gut genug, nicht liebenswert oder nicht erfolgreich genug. Diese Stimmen stammen häufig aus Erfahrungen, die du als Kind oder in prägenden Momenten gemacht hast. Sie sind keine objektive Wahrheit, sondern Interpretationen, die du damals in einem bestimmten Kontext entwickelt hast – oft aus Schutz oder Überlebensmechanismen.

Wenn wir lernen, diese Geschichten aus einer neuen Perspektive zu betrachten, öffnen wir den Raum für Veränderung. Wir können verstehen, warum wir bestimmte Überzeugungen entwickelt haben und gleichzeitig erkennen, dass wir heute andere Möglichkeiten haben.

Es ist, als würden wir die Brille wechseln, durch die wir auf unser Leben schauen, und plötzlich erkennen wir Facetten die uns zuvor verborgen blieben.

Ein wichtiger Schritt dabei ist das bewusste Hinterfragen der eigenen Geschichten: Welche Erfahrungen habe ich ausgewählt, um meine Geschichte zu erzählen? Welche Bedeutungen habe ich ihnen gegeben? Welche Alternativen gibt es? Diese Fragen laden uns ein, neugierig und offen zu bleiben, anstatt uns in starren Mustern zu verfangen. Dabei hilft es, sich selbst mit Mitgefühl zu begegnen. Oft sind die alten Geschichten mit Schmerz, Angst und Verletzlichkeit verbunden. Wenn wir uns selbst erlauben, diese Gefühle anzunehmen, ohne sie zu bewerten, schaffen wir einen sicheren Raum für Heilung und Wachstum.

Wir können uns sagen: *„Ich war damals in einer schwierigen Lage. Ich habe getan, was ich konnte. Und heute habe ich die Freiheit, meine Geschichte neu zu schreiben.“*

Das Neudeuten der Lebensgeschichte bedeutet auch, unsere Ressourcen und Stärken zu entdecken, die vielleicht bisher übersehen oder unterbewertet wurden. Vielleicht erkennst du jetzt die Resilienz, den Mut oder die Liebe, die dich trotz aller Herausforderungen getragen haben. Diese neue Erzählung ist kraftvoll, weil sie dich als die Person zeigt, die du wirklich bist. Lebendig, lernend und sich entwickelnd.

Ein wirksames Werkzeug auf diesem Weg kann das Schreiben sein: Das Aufschreiben deiner Geschichte, das bewusste Umformulieren von Erlebnissen und Gedanken schafft Klarheit und neue Einsichten. Ebenso kann das Gespräch mit vertrauten Menschen, die dich reflektieren und bestärken, wertvoll sein. Manchmal hilft auch professionelle Begleitung, um verborgene Muster zu erkennen und zu transformieren.
Lebensgeschichten neu zu deuten heißt nicht, die Vergangenheit zu verleugnen oder zu beschönigen. Es bedeutet vielmehr, die Kontrolle über das eigene Narrativ zurückzugewinnen und aus der Opferrolle herauszutreten. Du wirst zum Gestalter deiner Geschichte, indem du die Vergangenheit als Quelle von Erfahrungen und Lernen anerkennst, aber dich nicht von ihr definieren lässt.
Diese Freiheit, das eigene Leben in einem neuen Licht zu sehen, schenkt Zuversicht und Lebendigkeit. Sie öffnet Türen zu neuen Möglichkeiten, Beziehungen und Zielen, die im alten Erzählmuster vielleicht keinen Platz hatten. Es ist eine Einladung, dich selbst und dein Leben mit neugierigen und liebevollen Augen zu betrachten – immer wieder neu.
So wird deine Lebensgeschichte zu einem lebendigen Prozess, der dich nährt und wachsen lässt.

Du bist nicht nur das Produkt deiner Vergangenheit, sondern vor allem der Gestalter oder die Gestalterin deiner Zukunft. Und in dieser Erkenntnis liegt eine tiefe Kraft, die dich mutig und freudig weitergehen lässt.

Das eigene Narrativ verwandeln

Das Narrativ, das wir über uns selbst erzählen, ist mächtig Es formt unser Denken, Fühlen und Handeln. Doch wir sind nicht Gefangene unserer Geschichten – wir können sie verändern. Das Verwandeln des eigenen Narrativs bedeutet, alte Überzeugungen zu hinterfragen, negative Muster loszulassen und neue, positive Erzählungen zu schaffen. Dies ist ein Prozess, der Mut und Offenheit verlangt, aber auch tiefe Freiheit schenkt. Wenn wir unsere Geschichte neu schreiben, erschaffen wir Raum für ein Leben, das authentisch, kraftvoll und im Einklang mit unserem wahren Selbst ist.

Unsere Lebensgeschichte, das sogenannte Narrativ, ist mehr als eine Aneinanderreihung von Ereignissen. Es ist die Erzählung, die wir über uns selbst weben – mit all ihren Worten, Bildern und Gefühlen. Dieses innere Narrativ formt maßgeblich, wie wir uns selbst sehen, wie wir mit Herausforderungen umgehen und welche Wege wir im Leben wählen. Doch es ist keine unveränderliche Wahrheit. Es ist wandelbar und formbar, und wir haben die kraftvolle Fähigkeit, es bewusst zu verwandeln. Dies eröffnet uns die Möglichkeit, alte Beschränkungen loszulassen und eine neue, stärkende Geschichte über uns selbst zu schreiben.

Die Verwandlung des eigenen Narrativs beginnt mit Bewusstheit. Oft erzählen wir uns Geschichten, die aus Erfahrungen stammen, die schon lange hinter uns liegen – Geschichten, die uns kleinhalten, an denen wir leiden oder die uns Angst machen. Diese Geschichten mögen damals einen Sinn gehabt haben, um uns zu schützen oder zu erklären, warum bestimmte Dinge passiert sind. Doch wenn wir sie ungeprüft weitertragen, können sie uns heute blockieren.

Es ist hilfreich, innezuhalten und sich selbst die Frage zu stellen: *„Welche Geschichte erzähle ich mir gerade? Wie beeinflusst sie mein Denken, Fühlen und Handeln?"*

Dieses bewusst werden öffnet den Raum, um das Narrativ aus einer Meta-Perspektive zu betrachten. Wir werden Beobachter unserer eigenen Geschichten und erkennen, wo wir uns in alten Mustern verfangen haben.

Die Transformation geschieht, indem wir die Erzählung liebevoll hinterfragen und umgestalten. Das bedeutet nicht, die Vergangenheit zu beschönigen oder zu verleugnen, sondern die Perspektive zu verändern. Statt *„Ich bin nicht gut genug"* kann es heißen: *„Ich habe vieles gelernt und wachse jeden Tag."* Aus *„Ich habe versagt"* wird *„Ich habe Erfahrung gesammelt, die mich stärkt."*

Diese neue Geschichte braucht Zeit, Geduld und immer wieder bewusste Wiederholung. Affirmationen, Visualisierungen oder das bewusste Erzählen der neuen Erzählung im Alltag können helfen, die alten Muster zu überschreiben.

So entsteht ein innerer Dialog, der uns ermutigt, uns selbst mit Freundlichkeit und Respekt zu begegnen.

Das Verwandeln des Narrativs wirkt sich auch auf unsere Beziehungen aus. Wenn wir beginnen, uns selbst in einem neuen Licht zu sehen, verändern sich auch die Erwartungen und Dynamiken mit anderen Menschen. Wir ziehen eher Menschen an, die uns unterstützen und bestärken, und können gesündere Grenzen setzen.

Ein weiterer kraftvoller Schritt ist, die eigene Geschichte als Quelle von Sinn und Wachstum zu sehen. Verletzungen und Herausforderungen werden so nicht nur als Last, sondern als "Lehrer" erkannt. Diese Haltung schafft einen Raum für Vergebung – sich selbst und anderen gegenüber – und öffnet das Herz für Mitgefühl.

Professionelle Begleitung, etwa durch Coaching oder Therapie, kann den Prozess der Narrativveränderung vertiefen und beschleunigen. Doch auch im eigenen Tempo und mit einfachen Mitteln ist dieser Weg möglich. Das Vertrauen in die eigene innere Kraft ist wichtig.

Das eigene Narrativ zu verwandeln bedeutet letztlich, sich selbst als "Autorin des Lebens" anzuerkennen. Du hast die Macht, die Geschichte zu gestalten, die du leben möchtest. Und mit jedem bewussten Schritt wird die Erzählung heller, freier und voller Hoffnung. Dieser Prozess ist eine Einladung, dich selbst neu zu entdecken, dein Potenzial zu entfalten und mutig deinen ganz eigenen Weg zu gehen – getragen von einem neuen, stärkenden inneren Bild.

Kapitel 3

Die Kraft der kleinen Dinge

Kapitel 3
Die Kraft der kleinen Dinge

„In dir liegt ein Raum voller Möglichkeiten – du musst ihn nur betreten."

Hier beginnt der Aufbruch. Nach dem Ankommen und Verstehen darf Neues entstehen.
Vielleicht leise, vielleicht kraftvoll. In diesem Teil dreht sich alles um das, was in dir angelegt ist: Fähigkeiten, Sehnsüchte, Begabungen, die nur darauf warten, gelebt zu werden. Du bist eingeladen, mutig nach innen zu lauschen, deine Gaben zu entdecken und dir selbst zuzutrauen, sichtbar zu werden – in deinem eigenen Licht.

Veränderung muss nicht laut sein. Sie beginnt oft in kleinen Gesten: einem achtsamen Atemzug, einem NEIN, das sich stimmig anfühlt, oder einem JA zu uns selbst. Wir müssen das Ziel nicht kennen, um loszugehen. Wichtig ist nur, dass wir anfangen – in unserem Tempo. Vielleicht schreibst du ein paar Gedanken auf. Vielleicht gehst du einen Weg, den du lange gemieden hast. Oder du erlaubst dir, dich zu fragen: *Was würde ich tun, wenn ich mir selbst vertrauen würde?*

Jeder kleine Schritt zählt. Und gemeinsam formen sie einen Weg – deinen Weg. Manchmal sind es nicht die großen Ereignisse oder dramatischen Wendungen, die unser Leben verändern – sondern die kleinen Dinge. Ein leises Flüstern, ein unerwarteter Gedanke oder ein winziger Schritt können die Kraft haben, uns auf einen neuen Weg zu führen.

Die Kraft der kleinen Dinge liegt darin, dass sie oft verborgen sind und erst durch Achtsamkeit und Bewusstheit sichtbar werden. Unsere inneren Potenziale sind genau solche kleinen Kräfte. Sie schlummern in uns – oft unentdeckt oder im Verborgenen gehalten – und warten darauf, erkannt und entfaltet zu werden. Wenn wir lernen, unsere Begabungen, Werte und Sehnsüchte wahrzunehmen und unserer Intuition zu vertrauen, öffnen wir uns für einen Weg, der uns mit Sinn und Erfüllung verbindet.

Mut ist dabei der Begleiter, der uns einlädt, die kleinen, aber bedeutsamen Schritte ins Neue zu wagen.

Oft sind es nicht die großen, spektakulären Ereignisse, die unser Leben nachhaltig verändern, sondern die kleinen, unscheinbaren Momente. Die leisen Impulse, die uns ins Staunen bringen, die verborgenen Fähigkeiten, die in uns schlummern, und die stillen Sehnsüchte, die unser Herz bewegen. Die Kraft der kleinen Dinge zu entdecken – deine Potenziale, deine Werte, deine innere Stimme – und den Mut zu finden, erste Schritte ins Neue zu gehen.

Reflexionsfrage zum Kapitel

"Was wäre ein kleiner, stimmiger Schritt, den ich heute für mich gehen könnte – ganz ohne Druck?"

In dir liegt mehr, als du je geahnt hast.

Was sind eigentlich "Potenziale"?

Potenziale sind die Möglichkeiten und Fähigkeiten, die in uns angelegt sind – oft unbemerkt und noch unerforscht.
Sie sind wie Samen, die in unserem Inneren darauf warten, zu wachsen und zu erblühen.
Potenziale zeigen sich nicht nur in besonderen Talenten oder Erfolgen, sondern auch in unserer Art zu fühlen, zu denken und zu handeln. Sie sind der Schatz, der unser Leben bereichert und uns authentisch macht. Den eigenen Potenzialen Raum zu geben bedeutet, sich selbst zu erlauben, über das Bekannte hinauszuwachsen und Neues zu entdecken.

Sie sind unsere natürlichen Anlagen, Fähigkeiten, Talente und auch unsere inneren Ressourcen wie Mut, Kreativität oder Empathie. Oft sind sie uns nicht vollständig bewusst, weil wir im Alltag von Erwartungen, Zweifeln oder alten Begrenzungen überdeckt werden.
Doch Potenziale sind keine abstrakten Begriffe, sondern lebendige Kräfte, die unser Leben bereichern und uns helfen, in unsere Einzigartigkeit zu finden. Sie zeigen sich in dem, was uns leicht fällt, wofür wir brennen oder wozu wir immer wieder zurückkehren. Selbst wenn der Weg steinig ist.

Manchmal fühlen wir uns von unserem Potenzial getrennt, weil wir gelernt haben, uns anzupassen oder zu funktionieren. Vielleicht hat uns jemand gesagt, dass bestimmte Fähigkeiten nicht wichtig oder gar falsch sind. Oder wir vergleichen uns mit anderen und übersehen unsere eigene besondere Gabe.

Die Entdeckung der eigenen Potenziale beginnt mit einer liebevollen Neugier auf sich selbst. *Welche Fähigkeiten habe ich? Was bringt mein Herz zum Leuchten? Wo spüre ich Freude, Leidenschaft oder eine tiefe innere Stimme?*
Diese Fragen laden dich ein, innezuhalten und aufmerksam hinzuspüren. Es hilft, kleine Experimente zu wagen: etwas Neues auszuprobieren, ohne den Druck, sofort perfekt sein zu müssen. Denn Potenziale entfalten sich in Bewegung – durch das Tun und das Erleben.

Auch Rückschläge gehören dazu, denn sie sind wertvolle Lehrer auf dem Weg zur eigenen Entfaltung. Potenziale sind kein Wettbewerb oder Ziel, das es zu erreichen gilt. Sie sind vielmehr Wegweiser, die dich auf deinem ganz persönlichen Pfad begleiten. Wenn du lernst, ihnen zu vertrauen und sie zu nähren, öffnen sich Türen zu einem Leben, das sich erfüllt und stimmig anfühlt. Im Kern ist das Erkennen und Leben der eigenen Potenziale ein Akt der Selbstliebe und Selbstachtung. Sich selbst als kostbaren Schatz zu sehen und die eigene Einzigartigkeit zu feiern – mit all ihren Facetten und Möglichkeiten.

Potenziale – das klingt nach etwas Verborgenem, etwas, das noch entdeckt oder entfaltet werden will. Samen, die in der Erde unseres Lebenskeims verborgen sind.

Mit der richtigen Pflege, dem passenden Umfeld und der nötigen Zeit können sie wachsen, blühen und Früchte tragen - und unser Leben in seiner Einzigartigkeit bereichern.

Potenziale sind dabei viel mehr als nur angeborene Talente oder Fähigkeiten, die man messen könnte. Sie umfassen auch unsere inneren Ressourcen wie Mut, Kreativität, Einfühlungsvermögen oder Durchhaltevermögen.

Oft sind es diese Qualitäten, die uns im Alltag tragen und uns helfen, Herausforderungen zu meistern, auch wenn wir uns ihrer nicht immer bewusst sind.

Warum ist es dann so schwierig, unsere Potenziale wahrzunehmen? Viele Menschen wachsen in Umgebungen auf, die bestimmte Fähigkeiten bevorzugen und andere übersehen. Manchmal werden wir durch gesellschaftliche Erwartungen, familiäre Prägungen oder frühe Erfahrungen so geprägt, dass wir unsere eigenen Gaben verleugnen oder kleinreden.

Vielleicht hast du selbst schon erlebt, wie du dich unsicher fühlst, wenn du etwas tun möchtest, das nicht den gängigen Normen entspricht. Oder du vergleichst dich mit anderen und glaubst, nicht genug zu sein. Das Spannende ist jedoch: Potenziale sind individuell und einzigartig – sie passen zu deiner Persönlichkeit, deinem Wesen und deinem Leben. Sie sind keine Vorlage, die man erfüllen muss, sondern Ausdruck deiner ganz eigenen Art, in der Welt zu sein.

Ein Potenzial kann sich darin zeigen, wie du auf andere Menschen zugehst, wie du kreativ wirst, wie du Probleme löst oder wie du deine Visionen lebst. Die Entdeckung der eigenen Potenziale beginnt mit einem liebevollen Hinschauen auf dich selbst – ohne Urteil und ohne Druck. Es ist ein Prozess der Selbstbeobachtung, des Ausprobierens und des Zuhörens auf die leisen Impulse deines Herzens.

Welche Tätigkeiten lassen dich lebendig fühlen? Wofür bekommst du Anerkennung nicht nur von anderen, sondern auch von dir selbst? Wann spürst du Freude und Sinn?

Es kann hilfreich sein, sich Zeit zu nehmen für Reflexion, Meditation oder kreative Übungen wie Schreiben oder Malen. Auch Gespräche mit Menschen, die dich gut kennen und wertschätzen, können Türen zu verborgenen Talenten öffnen. Oft liegt das eigene Potenzial in den kleinen Dingen des Alltags. In der Art, wie du Probleme angehst, in deiner Fürsorge, in deinem Humor oder in deiner Fähigkeit, Dinge neu zu sehen.

Doch Potenziale sind keine Garantie für Erfolg oder sofortige Erfüllung. Sie brauchen Raum, Zeit und Geduld, um sich zu entfalten. Manchmal ist es ein längerer Prozess, in dem du dich immer wieder herausforderst, Neues lernst und auch Rückschläge erlebst. Diese Erfahrungen sind Teil des Wachstums und bereichern deinen Weg.

Das Schöne ist, dass Potenziale dynamisch sind – sie verändern sich, wachsen und passen sich an deine Lebenssituation an.

Was heute noch verborgen ist, kann morgen schon hell erstrahlen. Das macht das Leben lebendig und spannend.

Das bewusste Erkennen und Leben deiner Potenziale ist ein Ausdruck von Selbstliebe.

Dich selbst als wertvoll und einzigartig anzuerkennen - mit all deinen Stärken und Schwächen. Indem du dich traust, dein Potenzial zu entfalten, gibst du dir selbst die Erlaubnis, authentisch und voller Freude zu leben.

Vielleicht möchtest du jetzt schon einen kleinen Schritt wagen: Erlaube dir, neugierig zu sein auf dich selbst.

Schreibe auf, was dir leicht fällt, was dir Freude macht oder was du dir heimlich wünschst. Beobachte dich in den kommenden Tagen genau – wo fühlst du Energie und Lebendigkeit? Was bringt dein Herz zum Leuchten?

Indem du deine Potenziale entdeckst und pflegst, begibst du dich auf eine spannende Reise – eine Reise zu dir selbst, zu deinem ganz eigenen, lebendigen Sein. Und diese Reise ist ein wunderbarer Anfang für ein erfülltes und sinnvolles Leben.

Begabungen, Werte, Sehnsüchte entdecken

Unsere Begabungen sind die Fähigkeiten, die uns leichtfallen und Freude bereiten. Werte sind die inneren Kompasse, die uns Orientierung geben. Sehnsüchte sind die leisen oder lauten Wünsche, die unser Herz berühren und uns antreiben. Wenn wir diese drei Elemente in uns entdecken, legen wir den Grundstein für ein Leben, das wirklich zu uns passt. Es braucht dafür Offenheit und Selbstbeobachtung – ein Einlassen auf das, was uns ausmacht und erfüllt. Nur so können wir unser Potenzial leben und in Einklang mit uns selbst sein.

Begabungen, Werte und Sehnsüchte – diese drei Begriffe sind wie kostbare Wegweiser auf deiner persönlichen Reise. Sie helfen dir, dich selbst besser zu verstehen und bewusst zu entscheiden, welchen Pfad du gehen möchtest.

Sie sind oft tief verborgen unter Schichten von Alltag, Erwartungen und alten Mustern.

Begabungen sind die Fähigkeiten und Talente, die dir auf natürliche Weise gegeben sind oder die du im Laufe deines Lebens entwickelt hast. Sie können ganz unterschiedlich sein – vielleicht hast du ein besonderes Gespür für Menschen, eine kreative Ader, ein technisches Verständnis oder ein Händchen fürs Organisieren. Es sind jene Dinge, die dir meist leichtfallen und die dir Freude bereiten, wenn du sie nutzt. Sie sind wie funkelnde Sterne am Himmel deiner Persönlichkeit, die dich einzigartig machen.

Doch nicht immer sind wir uns unserer Begabungen bewusst. Manchmal haben wir verlernt, sie wahrzunehmen, weil wir uns mit anderen verglichen oder uns selbst kleingemacht haben. Oder weil wir gelernt haben, nur das zu schätzen, was außen sichtbar und anerkannt ist.

Hier beginnt eine spannende Suche: Wo leuchten deine Sterne? Welche Tätigkeiten bringen dein Herz zum Singen?

Parallel dazu wirken deine *Werte* als innere Kompassnadel. Werte sind die Prinzipien und Überzeugungen, die dir im Leben wichtig sind und nach denen du dein Handeln ausrichtest. Sie geben deinem Tun Sinn und Tiefe. Werte können zum Beispiel Freiheit, Ehrlichkeit, Fürsorge, Kreativität oder Wachstum sein. Wenn du deine Werte kennst und lebst, fühlst du dich authentisch und stimmig – auch wenn der Weg herausfordernd ist.

Die Herausforderung liegt oft darin, die eigenen Werte von äußeren Erwartungen zu unterscheiden. Hast du deine Entscheidungen aus eigenem Antrieb getroffen, oder warst du stark beeinflusst von dem, was andere von dir erwarten?

Die bewusste Auseinandersetzung mit deinen Werten schenkt dir Klarheit und Orientierung.
Sie hilft dir, NEIN zu sagen, wenn etwas nicht zu dir passt und mutig JA zu deinem Weg zu sagen.

Schließlich sind da noch deine tiefen *Sehnsüchte* – jene inneren Wünsche und Träume, die dein Herz erfüllen und dir eine Ahnung davon geben, was dein Leben reich macht. Sehnsüchte brauchen Raum, um gehört zu werden. Sie können sich als Ideen, Gefühle oder Visionen zeigen, die dich anziehen und motivieren. Sie sind die Brücke zwischen dem, was ist, und dem, was möglich sein könnte. Sehnsüchte zu entdecken heißt, wieder in Kontakt zu treten mit deiner inneren Welt. Oft überdecken wir sie durch Stress, Pflichtbewusstsein oder Anpassung. Doch wenn du ihnen Raum gibst, vielleicht durch Meditation, Tagebuchschreiben oder einfach bewusstes Träumen, öffnen sich Türen zu einer tieferen Lebensfreude.

Die Entdeckung von Begabungen, Werten und Sehnsüchten ist kein einmaliger Prozess, sondern ein lebenslanger Tanz. Du wirst dich verändern, wachsen und immer wieder neue Facetten von dir kennenlernen.

Das ist ein wunderbarer Schatz, den es zu hüten gilt.
Praktisch kannst du beginnen, indem du dir Fragen stellst wie: *„Wann fühle ich mich wirklich lebendig?" „Was ist mir in meinem Leben wichtig?" „Welche Träume habe ich bisher noch nicht verfolgt?"*
Nimm dir Zeit und schreibe deine Antworten auf – ganz ohne Druck, nur mit Neugier und Offenheit.

Wenn du diese drei inneren Wegweiser ehrst und ihnen folgst, findest du Schritt für Schritt mehr Klarheit und Freiheit. Du lernst, dir selbst zu vertrauen und deinen ganz eigenen, authentischen Weg zu gehen.

So werden aus verborgenen Schätzen lebendige Quellen der Kraft, Freude und Sinnhaftigkeit.

Intuition und innere Führung

Intuition ist das stille Wissen, das tief in uns wohnt – jenseits von rationalem Denken und äußeren Einflüssen. Sie ist unsere innere Führung, die uns leise auf Wege hinweist, die oft verborgen bleiben. Intuition zeigt sich in Gefühlen, Bildern oder Impulsen, die uns den nächsten Schritt weisen.

Der Schlüssel ist, ihr zu vertrauen und sie wahrzunehmen. Wenn wir lernen, unsere Intuition zu hören und ihr zu folgen, eröffnen sich Möglichkeiten, die uns näher zu unserem wahren Selbst führen. In jedem von uns wohnt eine stille, weise Stimme – die Intuition. Sie ist wie ein innerer Kompass, der uns auf unserem Lebensweg leitet, oft jenseits von Logik und Verstand. Doch wie oft überhören wir diese leisen Impulse? Wie häufig lassen wir uns stattdessen von äußeren Stimmen oder Zweifeln bestimmen?

Intuition ist ein tiefes Wissen, das ohne Worte in uns wirkt. Sie zeigt sich in plötzlichen Eingebungen, einem Bauchgefühl, einem spontanen Gefühl von JA oder NEIN.

Dieses innere Wissen ist keine Einbildung oder Zufall, sondern ein Ergebnis der Erfahrung, Erinnerung und feinen Wahrnehmung, die unser Unterbewusstsein speichert und verarbeitet. Manchmal meldet sich die Intuition gerade dann, wenn der Verstand uns in einer Sackgasse sieht oder vor einer großen Entscheidung steht.

Viele Menschen haben im Laufe ihres Lebens verlernt, ihrer Intuition zu vertrauen. Sie wurden oft ermutigt, rational zu denken, Beweise zu suchen und Gefühle zu unterdrücken. Das führt dazu, dass die innere Stimme leiser wird oder von Ängsten und Zweifeln übertönt wird. Doch gerade in Zeiten des Wandels, der Unsicherheit oder des Neubeginns ist die Intuition ein wertvoller Begleiter.

Wie kannst du deine Intuition stärken und wahrnehmen?
Ein erster Schritt ist, zur Ruhe zu kommen und dich mit dir selbst zu verbinden. Meditation, achtsames Atmen oder ein Spaziergang in der Natur schaffen Raum, um die innere Stimme zu hören. Wenn du dir Zeit gibst, wirst du spüren, wie dein Körper, deine Gefühle und Gedanken sich verändern und Platz für diese feinen Impulse schaffen.

Auch das Vertrauen in die Intuition wächst durch Erfahrung. Je öfter du kleine Entscheidungen auf dein Bauchgefühl hin triffst und beobachtest, was daraus entsteht, desto sicherer wirst du. Vielleicht startest du mit einfachen Fragen: *„Soll ich jetzt eine Pause machen oder fühle ich mich wohl bei dieser Idee?"* Mit der Zeit lernst du, auch bei größeren Lebensfragen deiner inneren Führung zu vertrauen.

Intuition bedeutet nicht, den Verstand auszuschalten oder unüberlegte Entscheidungen zu treffen. Vielmehr ist sie eine wertvolle Ergänzung zu rationalem Denken.

Die Kombination aus Herz und Verstand schafft eine Balance, die dich kraftvoll und authentisch handeln lässt. Es ist eine Einladung, dich selbst ganzheitlich wahrzunehmen und zu integrieren. Manchmal ist die Intuition auch eine Einladung, mutig zu sein und Neues zu wagen. Sie gibt dir den Impuls, erste Schritte ins Unbekannte zu gehen, auch wenn du den Weg noch nicht komplett sehen kannst.

Das erfordert Vertrauen – in dich selbst und in das Leben. Doch genau darin liegt eine große Freiheit und Lebendigkeit.

Indem du deine innere Führung stärkst, lernst du auch, auf dich selbst zu achten und dich liebevoll zu begleiten Du erkennst, wann es Zeit ist, loszulassen, wann es wichtig ist, Grenzen zu setzen, und wann du deine Ressourcen auftanken darfst. So wird deine Intuition zu einem kraftvollen Werkzeug für ein Leben in Einklang und Sinn.

Es ist eine wunderbare Entdeckung, dass du die Weisheit bereits in dir trägst. Die innere Stimme wartet nur darauf, gehört und beachtet zu werden. Gib dir selbst die Erlaubnis, auf sie zu hören – auch wenn die Stimmen von außen laut sein mögen.

In deinem Herzen findest du die Klarheit, die dich sicher und mutig deinen Weg gehen lässt.

Mut zur Entfaltung: Schritte ins Neue

Mut bedeutet nicht die Abwesenheit von Angst, sondern die Bereitschaft, trotz Unsicherheit zu handeln. Den Mut zur Entfaltung zu finden heißt, kleine Schritte ins Unbekannte zu wagen und sich selbst Raum zu geben, sich zu entwickeln. Veränderung geschieht oft in kleinen, aber konsequenten Bewegungen. Jeder Schritt ins Neue ist ein Zeichen von Selbstvertrauen und Selbstliebe.

Indem wir mutig voranschreiten, schaffen wir die Grundlage, um unser Potenzial voll zu entfalten und unser Leben bewusst zu gestalten.

Der Weg zur Entfaltung des eigenen Potenzials, zur Verwirklichung der Begabungen und der inneren Sehnsüchte verlangt eines ganz besonders: Mut.

Mut, sich selbst zu vertrauen, sich sichtbar zu machen und in die eigene Kraft zu treten – auch wenn der Pfad ungewiss ist und Ängste oder Zweifel auftauchen.

Mut entsteht genau dann, wenn wir trotz der Angst handeln. Er ist eine Entscheidung, sich nicht von den inneren Bremsen oder äußeren Widerständen lähmen zu lassen, sondern sich auf das Leben einzulassen – mit all seiner Unvollkommenheit und Unvorhersehbarkeit. Mut bedeutet, den eigenen Wert zu erkennen und sich selbst das Recht zu geben, zu wachsen und zu glänzen.

Der erste Schritt ins Neue kann ganz klein sein – ein Gespräch suchen, eine Idee ausprobieren, einen Wunsch aussprechen oder eine alte Gewohnheit hinterfragen. Gerade diese kleinen Schritte sind oft die kraftvollsten, weil sie Bewegung in eingefahrene Muster bringen und Türen öffnen, die lange verschlossen schienen.

Jeder mutige Schritt stärkt dein Selbstvertrauen und bereitet den Boden für weitere Entfaltung. Vielleicht kennst du das Gefühl, im sicheren Hafen bleiben zu wollen, weil der Ausblick ins Unbekannte beängstigend ist. Doch wenn wir genau hinschauen, stellen wir fest, dass Stillstand oft schmerzhafter ist als Veränderung. Die Komfortzone ist eine Illusion, die uns vorgaukelt, geschützt zu sein, während wir tatsächlich Potenziale verschenken und uns selbst begrenzen.

Mut zur Entfaltung heißt auch, den Umgang mit Fehlern und Rückschlägen zu lernen. Nicht jede Veränderung verläuft glatt, nicht jeder Versuch führt sofort zum Erfolg. Doch jeder Stolperstein birgt eine Lektion, die dich wachsen lässt. Du lernst, dich selbst mit Mitgefühl zu begegnen und deine Würde zu bewahren – auch wenn der Weg nicht geradeaus führt.

Eine wichtige Quelle für diesen Mut ist die Verbindung zu dir selbst und zu Menschen, die dich unterstützen.
Umgib dich mit Menschen, die deine Entwicklung feiern und dir Raum geben, du selbst zu sein.
Gemeinsame Ermutigung und Austausch schenken Kraft, Inspiration und das Gefühl, nicht allein zu sein.

Darüber hinaus kannst du deinen Mut kultivieren, indem du deine Erfolge anerkennst, auch die kleinen. Jeder Schritt ins Neue ist ein Sieg über Zweifel und Ängste – ein Beweis deiner inneren Stärke. Schreibe auf, was du geschafft hast, und erinnere dich daran, wie weit du schon gekommen bist.

Mut zur Entfaltung ist letztlich ein Ausdruck von Selbstliebe. Du ehrst dich selbst, indem du deine Träume verfolgst, deine Stimme erhebst und dein Leben gestaltest. Es ist ein Geschenk an dich selbst, das dich mit tiefer Freude, Sinn und Erfüllung beschenkt. Wenn du jetzt an den Anfang deiner nächsten mutigen Schritte denkst, lade ich dich ein, diesen Moment bewusst wahrzunehmen. Was kannst du heute tun, um deinem Potenzial Raum zu geben? Welcher kleine, mutige Schritt fühlt sich für dich stimmig an? Vielleicht ist es ein Gespräch, eine neue Idee, ein kreativer Ausdruck oder einfach das bewusste Erlauben, anders zu sein.

Sei dir gewiss: Jeder Schritt, den du mit offenem Herzen und Mut gehst, bringt dich näher zu dem Leben, das dich wirklich erfüllt. Du bist stärker, als du denkst – und deine Entfaltung ist eine Bereicherung für dich und die Welt um dich herum.

Kapitel 4

Leben mit Sinn und Freude gestalten

„Wenn das Innere sich mit dem Äußeren verbindet, entsteht Echtheit."

Potenziale möchten nicht nur erkannt, sondern auch gelebt werden. Wie kannst du dein Leben so gestalten, dass es dich nährt, dir entspricht, dir Freude schenkt? In diesem Teil erkunden wir Wege, wie du dein Dasein stimmig und sinnerfüllt formen kannst – nicht perfekt, sondern lebendig.

Es geht um alltägliche Entscheidungen, bewusste Räume, kreative Impulse und kleine Rituale, die dir Kraft geben.

Diese Zeilen laden dich ein, mit sanften Schritten in dich hineinzuhören. Nicht, um dich zu verbessern. Sondern um dich zu erinnern, wer du wirklich bist. Du darfst langsam sein. Du darfst zweifeln. Du darfst Pausen machen. Was du brauchst, trägst du bereits in dir.

Deine Reise beginnt mit der Entscheidung, dir selbst zu begegnen. Und genau das tust du – JETZT.

Sinn und Freude sind zwei kraftvolle Quellen, die unser Leben lebendig und erfüllend machen. Doch oft geraten sie im Alltag in den Hintergrund – zwischen Pflichten, Terminen und Erwartungen. Dabei liegt es in unserer Hand, den Alltag so zu gestalten, dass er uns nährt und inspiriert. Wenn wir bewusst Raum schaffen für das, was uns Freude bringt und uns Sinn schenkt, können wir unser Leben mit mehr Leichtigkeit und Echtheit leben.

Das Leben mit Sinn und Freude zu gestalten heißt, sich immer wieder neu auf das eigene Wesen auszurichten und Entscheidungen im Einklang mit sich selbst zu treffen. Es bedeutet bewusst Momente der Kreativität und Verbindung einzuladen und Rituale zu entwickeln, die uns Kraft und Stabilität schenken. So entsteht ein Alltag, der uns nicht nur fordert, sondern auch erfüllt.

Das Leben schenkt uns jeden Tag neue Möglichkeiten, Freude, Sinn und Erfüllung zu finden. Doch im oft hektischen Alltag verlieren wir leicht den Zugang zu dem, was uns wirklich nährt und glücklich macht. Es geht darum, deinen Alltag so zu gestalten, dass er nicht nur Pflicht und Routine ist, sondern Raum schafft für das, was dich lebendig macht.

Wie kannst du bewusst kleine Momente der Freude integrieren? Wie kannst du deine Entscheidungen mehr im Einklang mit dir selbst treffen? Welche Rituale und Routinen stärken dich und geben dir Halt?

Die Balance zwischen Verantwortung und Freiheit zu finden, denn ein erfülltes Leben braucht nicht nur Ziele und Erfolge, sondern auch Muße, Kreativität und das Gefühl, verbunden zu sein – mit dir selbst und mit anderen.
Indem du dich auf diesen Prozess einlässt, wirst du spüren, wie Sinn und Freude wachsen und dein Alltag eine tiefere Qualität bekommt. Schritt für Schritt wirst du lernen, dein Leben als ein Kunstwerk zu sehen, das du mit deinen eigenen Farben und Formen gestalten kannst.

„Was brauche ich jetzt, um gut für mich zu sorgen?"

Wenn wir in Resonanz mit uns selbst leben, entsteht Tiefe.

Den Alltag stimmiger gestalten

Der Alltag ist der Rahmen, in dem wir leben – und oft fühlt er sich vollgepackt, stressig oder monoton an. Doch gerade im Alltag liegt die Chance, mehr Stimmigkeit und Leichtigkeit zu schaffen. Kleine Veränderungen in der Tagesgestaltung, bewusste Pausen oder achtsame Rituale können den Unterschied machen. Indem wir uns fragen, was uns wirklich guttut und welche Prioritäten wir setzen wollen, können wir unseren Alltag so formen, dass er uns unterstützt und nährt.

Unser Alltag ist wie das Fundament, auf dem unser Leben steht. Wie wir ihn gestalten, hat enormen Einfluss darauf, wie wir uns fühlen, wie wir unsere Energie nutzen und wie viel Sinn und Freude wir erfahren. Doch oft verläuft der Alltag so routiniert und fremdbestimmt, dass wir uns kaum bewusst sind, wie sehr wir uns darin verlieren – zwischen Terminen, Pflichten und den Erwartungen anderer. Dieses Thema lädt dich ein, deinen Alltag bewusst zu gestalten und ihn zu einem Spiegel deiner inneren Werte, Bedürfnisse und Sehnsüchte zu machen. Einen stimmigen Alltag zu schaffen bedeutet zunächst, dir Zeit und Raum für dich selbst zu nehmen – ganz ohne Ablenkungen oder Verpflichtungen.

Es bedeutet, innezuhalten und bewusst wahrzunehmen, wie du dich fühlst, was du gerade brauchst und was dir guttut. Diese bewusste Haltung hilft dir, aus der automatischen Reaktion auszusteigen und stattdessen deine Tage so zu füllen, dass sie dich nähren und erfüllen.

Vielleicht hast du schon bemerkt, dass es oft die kleinen Dinge sind, die den Unterschied machen: Ein bewusst genossener Kaffee am Morgen, ein Spaziergang in der Natur, ein Lachen mit Freunden oder das Lesen eines guten Buches. Wenn du solche Momente achtsam erlebst, schenken sie dir Kraft und Freude. Sie sind wie kleine Oasen im Alltag, die deine innere Balance stärken.

Ein stimmiger Alltag orientiert sich auch an deinen persönlichen Rhythmen. Jeder Mensch hat unterschiedliche Energiephasen, Zeiten der Konzentration und Zeiten, in denen er Ruhe braucht. Indem du deine eigenen Rhythmen achtest und deinen Tag danach ausrichtest, kannst du deine Leistungsfähigkeit und dein Wohlbefinden steigern. Das kann bedeuten, wichtige Aufgaben in deine produktivsten Stunden zu legen und Pausen nicht als Unterbrechung, sondern als notwendige Erholung zu sehen.

Gleichzeitig geht es darum, bewusste Entscheidungen zu treffen, die deinen Alltag erleichtern und bereichern.
Welche Aktivitäten tun dir wirklich gut? Welche Aufgaben kannst du delegieren oder reduzieren? Wie kannst du NEIN sagen, ohne Schuldgefühle zu haben?
Diese Klarheit hilft dir, deinen Alltag so zu gestalten, dass er dich stärkt, statt dich auszubeuten.

Dabei spielt auch die Gestaltung deines räumlichen Umfelds eine wichtige Rolle - dies beeinflusst deine Stimmung und Kreativität. Ein aufgeräumter, gemütlicher Platz mit Dingen, die dir Freude bereiten – sei es Pflanzen, Bilder oder persönliche Erinnerungen. Es schafft eine Atmosphäre, in der du dich wohlfühlst und gern verweilst.

Baue dir Rituale und Routinen in deinen Alltag ein. Sie geben deinem Tag Struktur und Sicherheit, sie sind kleine Ankerpunkte, die dir Halt geben – gerade in stressigen Zeiten. Ob es das morgendliche Ritual mit einer Tasse Tee ist, das abendliche Reflektieren oder ein kurzes Dankbarkeitsritual: Sie alle helfen dir, dich zu zentrieren und deine Aufmerksamkeit auf das zu richten, was dir wichtig ist.

Der Weg zu einem stimmigeren Alltag ist keine starre Planung, sondern ein lebendiger Prozess. Es geht um Bewusstheit, Achtsamkeit und die Bereitschaft, immer wieder zu prüfen, was dich wirklich nährt. Manchmal wirst du spüren, dass sich Dinge verändern müssen, manchmal genügen kleine Anpassungen. Wichtig ist, dass du deinen Alltag als deinen eigenen Raum begreifst, den du mit Liebe und Respekt füllst.
Wenn du beginnst, deinen Alltag bewusster zu gestalten, wirst du schnell merken, wie sich deine Lebensqualität verbessert. Du findest mehr Ruhe, Freude und Sinn – und bist zugleich besser gewappnet für die Herausforderungen, die das Leben mit sich bringt. Sei geduldig mit dir und feiere jeden Schritt, der dich näher zu dir selbst bringt. Dein Alltag kann ein Ort werden, an dem du aufblühst, dich verbunden fühlst und dein Leben in all seiner Fülle genießt.

Raum für Kreativität, Freude und Verbindung

Kreativität ist ein Ausdruck unserer Lebendigkeit – sie lässt uns spielen, experimentieren und neue Perspektiven entdecken. Freude ist die innere Energie, die uns antreibt und erhellt. Verbindung zu uns selbst und zu anderen schafft ein Gefühl von Zugehörigkeit und Geborgenheit. Wenn wir bewusst Raum für diese Elemente in unserem Leben schaffen, fördern wir nicht nur unser Wohlbefinden, sondern auch unsere persönliche Entwicklung. Es braucht oft nur kleine Impulse, um diese Räume zu öffnen – eine neue Idee, ein gemeinsames Lachen oder ein Moment der Stille.

Kreativität, Freude und Verbindung – diese drei Elemente sind wesentliche Quellen für ein erfülltes und lebendiges Leben. Doch gerade im Alltag mit seinen zahlreichen Verpflichtungen und Herausforderungen geraten sie oft ins Hintertreffen.

Kreativität ist weit mehr als künstlerisches Schaffen. Sie ist eine Grundenergie in jedem Menschen, ein Ausdruck unserer Lebendigkeit und unseres inneren Reichtums. Kreativität zeigt sich in der Art, wie wir Probleme lösen, wie wir unseren Alltag gestalten oder wie wir neue Ideen entwickeln. Sie ist die Quelle für Innovation und persönliches Wachstum. Doch um kreativ zu sein, braucht es Freiheit – Freiheit im Denken, im Fühlen und im Handeln. Es geht um das bewusste Öffnen für das Neue, das Unbekannte, das Experimentieren und das spielerische Ausprobieren. Vielleicht ist es das Zeichnen, Schreiben, Musizieren oder einfach das Herumspielen mit Ideen und Gedanken - ganz ohne Druck oder Zwang.

Vielleicht ist es auch das bewusste Innehalten, um die kleinen Wunder des Alltags wahrzunehmen und daraus Inspiration zu schöpfen. In diesem Raum kann *Freude* wachsen. Freude ist mehr als nur ein Gefühl von Glück; sie ist eine tiefe innere Lebendigkeit, die uns mit dem Moment verbindet. Freude entspringt oft den kleinen Dingen – dem Lachen mit Freunden, der Wärme, einer Umarmung, dem Duft von frisch gebackenem Brot oder dem Sonnenstrahl auf der Haut.

Wenn wir uns erlauben, diese Freuden bewusst zu erleben, füllen sie unser Herz und geben uns Kraft.

Oft haben wir jedoch verlernt, uns der Freude ganz hinzugeben, weil wir glauben, sie sei nur ein Nebenprodukt oder etwas Flüchtiges. Doch Freude ist ein wesentlicher Teil unseres Menschseins und verdient es, genährt zu werden. Sie wirkt wie ein Balsam für unsere Seele, besonders in Zeiten von Stress und Herausforderungen.

Ein weiterer kostbarer Aspekt ist die *Verbindung* – die Beziehung zu uns selbst, zu anderen Menschen und zur Welt um uns herum. Verbindung schenkt uns Geborgenheit, Verständnis und das Gefühl, Teil von etwas Größerem zu sein. Sie gibt uns Halt und Kraft, gerade wenn das Leben schwierig ist. Verbindung entsteht durch echtes Zuhören, Mitgefühl und Präsenz. Es ist die Kunst, nicht nur mit Worten, sondern auch mit dem Herzen da zu sein. Sie kann in Freundschaften, in der Familie, in der Partnerschaft oder in Gemeinschaften wachsen. Aber auch die Verbindung zu dir selbst ist grundlegend – die Fähigkeit, dich selbst liebevoll anzunehmen und mit dir in Kontakt zu sein.

Um Raum für Kreativität, Freude und Verbindung zu schaffen, hilft es bewusst, Zeiten in deinem Alltag zu reservieren, die frei sind von Druck und Erwartungen.

Vielleicht gestaltest du dir einen wöchentlichen Kreativ- oder Freudentag, triffst dich regelmäßig mit Menschen, die dir guttun, oder schaffst dir kleine Rituale, die dich mit dir selbst verbinden – wie das Schreiben in ein Tagebuch oder ein Spaziergang in der Natur.

Manchmal bedeutet es auch, Grenzen zu setzen und Dinge loszulassen, die dich davon abhalten, dich lebendig zu fühlen. Es ist eine Einladung, dir selbst wertvollen Raum zu schenken und diesen Raum zu schützen. Wenn du diesen Raum immer wieder bewusst öffnest, wirst du spüren, wie dein Leben an Farbe, Tiefe und Lebendigkeit gewinnt. Kreativität beflügelt dich, Freude erfüllt dich, und Verbindung trägt dich. Gemeinsam bilden sie ein kraftvolles Trio, das dich in deinem Sein stärkt und dein Leben reich macht.

Erlaube dir, diese Quellen zu entdecken und zu pflegen – ganz gleich, wie dein Alltag aussieht. Sie sind wie Samen, die in deinem Herzen wachsen und dich auf deinem Weg begleiten.

Entscheidungen im Einklang mit dem Selbst

Jede Entscheidung, die wir treffen, ist ein Schritt auf unserem Lebensweg. Wenn wir lernen, Entscheidungen im Einklang mit unserem inneren Selbst zu treffen, stärken wir unsere Authentizität und unser Selbstvertrauen. Das bedeutet, nicht nur äußeren Erwartungen zu folgen, sondern auch die eigene innere Stimme zu hören und ihr zu vertrauen.
Entscheidungen werden so zu bewussten Wendepunkten, die uns näher zu einem erfüllten Leben bringen.

Im Leben treffen wir jeden Tag zahlreiche Entscheidungen – von kleinen Alltagsfragen bis hin zu tiefgreifenden Wendepunkten. Doch wie oft geschieht das wirklich im Einklang mit unserem wahren Selbst? Wie oft lassen wir uns von äußeren Erwartungen, Ängsten oder vermeintlichen Zwängen leiten, statt auf die leise innere Stimme zu hören?
Entscheidungen im Einklang mit dem Selbst bedeuten, dich selbst gut zu kennen: Deine Werte, Bedürfnisse, Sehnsüchte und Grenzen. Wenn du diese innere Landkarte klar vor Augen hast, fällt es leichter, Entscheidungen zu treffen, die dich wirklich nähren und deinem Leben Sinn geben. Du erkennst, was dir guttut und was nicht, und triffst deine Wahl aus einem Ort der Klarheit und Liebe heraus.
Oft erleben wir jedoch, dass innere Unsicherheiten, Zweifel oder alte Muster uns davon abhalten, dieser inneren Weisheit zu vertrauen. Vielleicht hast du schon Entscheidungen getroffen, die sich im Nachhinein falsch angefühlt haben, weil du zu sehr auf äußere Stimmen gehört hast. Die gute Nachricht ist: Es ist nie zu spät, diesen Weg neu zu lernen.

Ein wichtiger Schlüssel ist, dir Raum zu schaffen für Stille und Selbstreflexion. In der Ruhe kannst du deine Gedanken ordnen, Gefühle wahrnehmen und auf deine Intuition hören. Meditation, Schreiben oder einfach bewusste Pausen im Alltag helfen dir, wieder mit dir selbst in Kontakt zu kommen. Wenn du lernst, dieser inneren Stimme zuzuhören, wirst du überrascht sein, wie klar und weise sie sein kann.

Darüber hinaus ist es hilfreich, Entscheidungen nicht als starr und endgültig zu betrachten, sondern als einen Prozess. Manchmal kannst du eine Wahl ausprobieren und sehen, wie sie sich anfühlt. Wenn etwas nicht passt, darfst du korrigieren, anpassen oder einen neuen Weg suchen. Diese Flexibilität nimmt Druck und öffnet Raum für Wachstum.

Ein weiterer wichtiger Aspekt ist das Vertrauen in dich selbst. Du bist die Expertin oder der Experte deines eigenen Lebens. Auch wenn äußere Meinungen und Ratschläge wertvoll sein können, liegt die letzte Entscheidung immer bei dir.
Indem du dir dieses Vertrauen erlaubst, stärkst du deine Selbstwirksamkeit und dein Selbstwertgefühl.

Entscheidungen im Einklang mit dem Selbst sind auch ein Ausdruck von Selbstfürsorge. Sie schützen dich davor, dich zu überfordern oder dich selbst zu verraten. Sie helfen dir, klare Grenzen zu setzen und NEIN zu sagen, wenn es nötig ist, um deine Energie zu bewahren.

Wenn du diesen Weg gehst, wirst du spüren, wie dein Leben zunehmend authentischer, leichter und erfüllter wird.

Du findest mehr Ruhe in deinem Herzen und mehr Klarheit in deinem Tun. Entscheidungen werden zu kraftvollen Meilensteinen deiner persönlichen Entwicklung und nicht zu Quellen von Stress oder Unsicherheit.

Ich lade dich ein, dich immer wieder zu fragen: *Was fühlt sich für mich jetzt stimmig an? Welche Wahl ehrt mein wahres Selbst? Wie kann ich in Liebe und Respekt für mich selbst entscheiden?*
Lass diese Fragen zu deinem inneren Kompass werden.

Dein Leben ist dein einzigartiges Kunstwerk – und du hältst den Pinsel in der Hand. Jede bewusste Entscheidung, die du aus deinem Inneren triffst, ist ein Pinselstrich, der dein Bild klarer, lebendiger und schöner macht.

Rituale und Routinen, die stärken

Rituale und Routinen geben unserem Leben Struktur und Stabilität. Sie sind Anker in bewegten Zeiten und helfen uns, bei uns zu bleiben. Ob eine morgendliche Meditation, ein Spaziergang im Grünen oder das bewusste Genießen einer Tasse Tee – solche regelmäßigen Momente stärken unsere Verbindung zu uns selbst. Sie schenken Ruhe und Energie zugleich und können uns helfen, die Herausforderungen des Alltags gelassener zu meistern.

Wie vertraute Wegweiser sind Rituale und Routinen in unserem Leben – kleine, immer wiederkehrende Handlungen, die uns Halt geben, Orientierung schaffen und unsere innere Welt stärken. Gerade in einer Zeit, die oft von Schnelllebigkeit und Unruhe geprägt ist, können sie uns helfen, Ruhe und Struktur zu finden, uns mit uns selbst zu verbinden und Kraft zu schöpfen. Zunächst einmal ist es wichtig, den Unterschied zwischen Ritualen und Routinen zu verstehen.

Routinen sind regelmäßige, meist praktische Abläufe, die uns den Alltag erleichtern – wie Zähneputzen oder die morgendliche Tasse Kaffee. Sie helfen uns, Struktur zu schaffen und Energie zu sparen, weil wir sie oft ganz automatisch ausführen.

Rituale hingegen sind bewusst gestaltete Handlungen, die eine tiefere Bedeutung haben. Sie verbinden uns mit unserem Inneren, mit unseren Werten und mit dem Moment. Sie öffnen einen Raum der Achtsamkeit, der Dankbarkeit oder der inneren Einkehr. Sie können ganz unterschiedlich aussehen und sind so individuell wie du selbst.
Vielleicht ist es das Anzünden einer Kerze am Abend, um zur Ruhe zu kommen. Oder ein kurzes Gebet, ein Mantra, eine Meditation. Vielleicht ist es auch ein Spaziergang in der Natur, bei dem du bewusst deinen Atem spürst und deine Sinne öffnest. Rituale geben deinem Tag eine besondere Qualität und laden dich ein, dich ganz auf dich selbst einzulassen.

Routinen und Rituale wirken besonders stark, wenn du sie regelmäßig pflegst. Sie schaffen eine Kontinuität, die in turbulenten Zeiten Stabilität schenkt. Gerade wenn das Leben unübersichtlich oder herausfordernd wird, bieten sie einen sicheren Hafen – einen Moment, in dem du dich sammeln und neu ausrichten kannst. Ein weiterer wichtiger Aspekt ist, dass Rituale und Routinen dir helfen, deine Aufmerksamkeit zu fokussieren und deinen Geist zu beruhigen. Sie können Stress reduzieren, dein Wohlbefinden steigern und deine Resilienz stärken. Sie können die Ausschüttung von Stresshormonen senken und das Gefühl von Sicherheit erhöhen.

Auch in der Gemeinschaft haben Rituale eine große Bedeutung: Sie verbinden uns mit anderen Menschen, schaffen Zugehörigkeit und stärken soziale Bindungen.
Gemeinsam gefeierte Rituale – sei es ein Familienessen, ein Fest oder ein gemeinsames Gebet. Dies kann tief berührend und kraftvoll zugleich sein.

Vielleicht hast du schon einmal erlebt, wie ein kleines Ritual in deinem Leben eine große Wirkung entfaltet hat.
Wenn nicht, lade ich dich ein, es auszuprobieren. Beginne mit kleinen, einfachen Ritualen, die zu dir passen und dir Freude bereiten. Beobachte, wie sie dein Erleben verändern, wie sie dir helfen, bewusster im Moment zu sein und dich selbst mehr wertzuschätzen.

Manchmal verändert sich das Leben, und Routinen oder Rituale müssen angepasst oder neu erfunden werden. Das ist völlig in Ordnung. Wichtig ist, dass sie dir dienen und nicht zur Last werden. Erlaube dir, kreativ zu sein und immer wieder neu zu entdecken, was dir guttut.

Mit der Zeit wirst du vielleicht feststellen, dass Rituale und Routinen zu einem festen, liebevollen Begleiter werden, welche dein Leben bereichern und dir Kraft schenken – ein Anker in der Unbeständigkeit des Lebens.

Ich wünsche dir von Herzen,
dass du diese kleinen Wunder für dich entdeckst und sie zu einem wertvollen Teil deines Lebens werden.

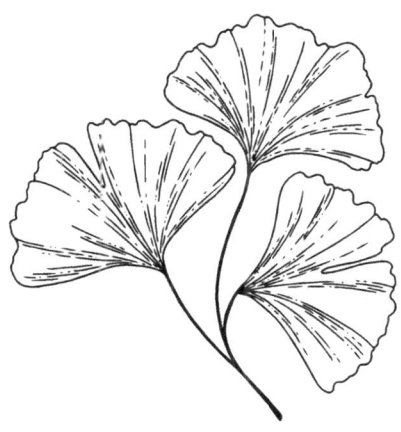

Kapitel 5

Wandel begleiten und andere ermutigen

„Wer den eigenen Weg geht, macht ihn auch für andere sichtbar."

Wenn du deinen Weg bewusst gehst, wirst du zu einem stillen Leuchtturm für andere. In diesem letzten Teil darf es darum gehen, wie du aus deiner Selbstentfaltung heraus Wirkung entfalten kannst – nicht durch Lautstärke, sondern durch Echtheit. Du wirst ermutigt, anderen beizustehen, ihre Geschichten zu würdigen und Mut weiterzugeben
Denn geteiltes Licht verliert sich nicht – es wächst.

Es gibt Zeiten, in denen wir alles festhalten wollen: Pläne, Sicherheiten, Vorstellungen vom Leben. Doch manchmal lädt uns das Leben dazu ein, loszulassen. Nicht, weil wir scheitern, sondern weil etwas Größeres entstehen möchte, das wir noch nicht sehen können. Vertrauen heißt nicht, alles zu wissen. Vertrauen heißt, im Moment zu verweilen – auch wenn der Boden wankt. Es bedeutet, sich von einem inneren Wissen leiten zu lassen, das sanfter ist als jede Strategie:
Ich darf meinen Weg finden, Schritt für Schritt.
Auch ohne Landkarte.

Wandel ist ein natürlicher Teil des Lebens – manchmal sanft und leise, manchmal kraftvoll und herausfordernd. Doch Wandel vollzieht sich selten isoliert; er findet oft in Gemeinschaft statt, durch Begegnungen und Beziehungen.

Wenn wir lernen, unseren eigenen Wandel bewusst zu gestalten, können wir auch andere auf ihrem Weg begleiten und ermutigen. Dabei geht es nicht darum, Antworten zu geben oder zu kontrollieren, sondern zuzuhören, zu unterstützen und Raum für Wachstum zu schaffen.

Den achtsamen Umgang mit anderen zu kultivieren und den wertvollen Beitrag zu erkennen, den du in der Welt leisten kannst. Gemeinsam wachsen bedeutet, Verbundenheit zu leben statt in Konkurrenz zu treten – und das eigene Hoffnungslicht mutig leuchten zu lassen.

Der Weg der Selbstentdeckung und Veränderung ist nie zu Ende – er ist ein fortwährender Prozess, der uns immer wieder vor neue Herausforderungen stellt und uns zugleich wachsen lässt. Wir wenden uns dem Blick nach außen zu:

Wie können wir das, was wir in uns selbst gefunden haben, mit anderen teilen? Wie können wir Wandel nicht nur für uns selbst begleiten, sondern auch andere ermutigen und gemeinsam wachsen?

Von der Selbstentdeckung zur Selbstwirksamkeit zu gelangen bedeutet die Kraft, die in uns wohnt, bewusst einzusetzen – für unser eigenes Leben und für die Gemeinschaft. Es geht darum, authentisch und mitfühlend zuzuhören, zu begleiten und Hoffnung zu schenken.

Wandel gelingt am besten in Verbundenheit statt im Vergleich; wenn wir uns gegenseitig unterstützen, entsteht ein Raum, in dem Entwicklung und Heilung möglich sind.

Deine Rolle als Leuchtturm gilt es zu entdecken – als Hoffnungslicht, das anderen Orientierung gibt und Mut macht. Du bist nicht nur Empfängerin oder Empfänger deiner Lebensgeschichte, sondern auch Gestalterin oder Gestalter einer Welt, in der Wachstum, Mitgefühl und Freude Raum haben. Mit einem offenen Herzen und einer achtsamen Haltung kannst du zum Katalysator für positive Veränderung werden – für dich selbst und für die Menschen um dich herum. Lass uns gemeinsam diesen Weg gehen.

Reflexionsfrage zum Kapitel

"Was hilft mir, im Moment zu bleiben, wenn alte Zweifel auftauchen?"

Deine Reise inspiriert auch andere.

Von der Selbstentdeckung zur Selbstwirksamkeit

Der Weg der Selbstentdeckung ist eine faszinierende Reise in die eigene Tiefe, die uns hilft, uns selbst besser zu verstehen, zu akzeptieren und zu lieben. Sie ist der Schlüssel, um aktiv und selbstbestimmt zu handeln. Doch diese Reise ist erst der Anfang eines noch größeren Potenzials: die *Selbstwirksamkeit*. Der Weg zur Selbstwirksamkeit beginnt mit der Entdeckung des eigenen Selbst: der eigenen Stärken, Bedürfnisse und Werte. Es bedeutet, das Vertrauen in die eigenen Fähigkeiten zu entwickeln, Veränderungen zu gestalten und Herausforderungen zu meistern.

Wenn wir unsere innere Kraft erkennen und nutzen, übernehmen wir Verantwortung für unser Leben und können auch in schwierigen Zeiten mutig voranschreiten.

Selbstwirksamkeit bedeutet aber auch, dass wir nicht nur erkennen, wer wir sind, sondern auch spüren, dass wir unser Leben bewusst gestalten und Veränderungen aktiv herbeiführen können. Sie ist die Brücke zwischen innerer Erkenntnis und äußerem Handeln.

Selbstentdeckung – die Wurzeln legen

Selbstentdeckung beginnt mit der Bereitschaft, innezuhalten und sich auf sich selbst einzulassen – mit all den Facetten, die wir in uns tragen. Es ist der Prozess, die eigene Geschichte zu verstehen, die eigenen Werte, Wünsche, Stärken und auch Schattenseiten anzunehmen. Dieser Schritt ist oft verbunden mit Mut, denn er verlangt Ehrlichkeit und Offenheit, manchmal auch das Zulassen von Schmerz und Unsicherheit.

Doch genau diese Offenheit schafft einen Raum, in dem Heilung möglich sind. Indem wir unsere inneren Ressourcen erkennen und würdigen, legen wir das Fundament für eine authentische und selbstbestimmte Lebensweise. Wir begreifen, dass wir nicht nur Opfer unserer Umstände sind, sondern aktive Gestalter unseres Weges.

Selbstwirksamkeit – die Kraft des Handelns

Selbstwirksamkeit geht darüber hinaus: Es ist das Vertrauen in die eigene Fähigkeit, Herausforderungen zu meistern und Ziele zu erreichen. Menschen mit starker Selbstwirksamkeit fühlen sich kompetent und handlungsfähig. Sie wissen, dass sie Einfluss auf ihr Leben und ihre Umwelt haben – und sie nutzen diese Kraft bewusst.

Dieses Vertrauen entsteht nicht von heute auf morgen. Es wächst Schritt für Schritt durch Erfahrungen, in denen wir uns selbst beweisen, dass wir Schwierigkeiten überwinden können. Dabei hilft es sich kleine Ziele zu setzen, die erreichbar sind, und Erfolge bewusst wahrzunehmen. Jeder noch so kleine Fortschritt stärkt das Gefühl: *„Ich kann das."*

Die Verbindung von Innen und Außen

Der Übergang von *Selbstentdeckung zur Selbstwirksamkeit* ist ein innerer Prozess, der eine lebendige Verbindung zwischen dem Selbst und der Welt herstellt. Er öffnet den Raum, um das, was wir in uns gefunden haben, auch nach außen zu tragen. Unsere Träume, unsere Werte und unsere Energie werden zu Motoren für Veränderung.

Diese Verbindung ist nicht nur für unser eigenes Wohl wichtig, sondern auch für die Menschen um uns herum. Wenn wir unsere Kraft leben, inspirieren wir andere, ihren eigenen Weg zu gehen. Wir werden zu Vorbildern, die zeigen, dass Veränderung möglich ist.

Herausforderungen als Chancen

Natürlich begegnen uns auf dem Weg zur Selbstwirksamkeit auch Widerstände – innere Zweifel, Ängste, alte Glaubenssätze oder äußere Hindernisse. Diese Herausforderungen sind keine Zeichen von Schwäche, sondern Teil des Wachstumsprozesses. Sie laden uns ein, neue Strategien zu entwickeln, uns selbst besser zu verstehen und unser Vertrauen zu vertiefen.

Anstatt uns von Rückschlägen entmutigen zu lassen, können wir sie als wertvolle Lernmomente betrachten. Jeder Schritt zurückkann uns helfen, unsere Haltung zu überprüfen und gestärkt daraus hervorzugehen. So wird die Fähigkeit zur Selbstwirksamkeit resilient – wir werden widerstandsfähiger und flexibler.

Es gibt verschiedene praktische Methoden, die du leicht in deinen Alltag integrieren kannst, um deine Selbstwirksamkeit effektiv und langfristig zu stärken und auszubauen.
Versuche sie auszuprobieren, aber überfordere dich dabei nicht und höre auf deine innere Stimme.
Nicht alle Methoden sind für jede oder jeden gleichermaßen geeignet - manches wird dir eher liegen und somit leichter anwendbar sein.

Bewusstes Setzen von Zielen

Wenn du dir klare und realistische Ziele setzt, weißt du, wohin deine Reise gehen soll. Das gibt dir Orientierung und hilft dir dranzubleiben, auch wenn es mal schwierig wird.
Wichtig ist, dass die Ziele machbar sind – zu große Wünsche können schnell entmutigen.

Praxisbeispiel:
Statt zu sagen *„Ich möchte immer glücklich sein"*, kannst du ein konkretes Ziel wählen wie *„Ich nehme mir jeden Tag 10 Minuten Zeit für mich, um etwas zu tun, das mir Freude macht."*
So hast du eine kleine, erreichbare Aufgabe.

Tipp: Schreibe deine Ziele auf und überprüfe sie regelmäßig. So bleibst du motiviert und kannst Erfolge feiern.

Positive Selbstgespräche

Unsere innere Stimme beeinflusst maßgeblich, wie wir uns fühlen. Oft sind wir selbst unsere strengsten Kritiker und Kritikerinnen. Um deine Selbstwirksamkeit zu stärken, lohnt es sich, diese Selbstkritik durch ermutigende und liebevolle Worte zu ersetzen.

Praxisbeispiel:
Wenn du denkst *„Das schaffe ich nie"*, versuche stattdessen zu sagen: *„Ich gebe mein Bestes, und jeder kleine Schritt bringt mich weiter."*
Sprich mit dir so, wie du mit einer guten Freundin sprechen würdest.

Tipp: Wenn dir negative Gedanken auffallen, halte kurz inne und formuliere sie bewusst um. Übung macht den Meister!

Reflexion und Tagebuch

Sich Zeit zu nehmen, über den Tag Erlebnisse und Gefühle nachzudenken, schafft Klarheit. Ein Tagebuch hilft dir, Muster zu erkennen, Erfolge sichtbar zu machen und dich selbst besser zu verstehen.

Praxisbeispiel:
Schreibe abends drei Dinge auf, die dir heute gelungen sind oder für die du dankbar bist. Auch kleine Fortschritte sind wertvoll!

Tipp: Du brauchst kein perfektes Tagebuch. Auch ein paar Sätze genügen, um achtsamer mit dir zu werden.

Achtsamkeit und Meditation

Diese Methoden helfen dir, den Geist zur Ruhe zu bringen und dich mit deiner inneren Kraft zu verbinden. Sie fördern das Bewusstsein für den Moment und reduzieren Stress.

Praxisbeispiel:
Setze dich jeden Tag für 5 Minuten ruhig hin, schließe die Augen und konzentriere dich auf deinen Atem. Wenn Gedanken kommen, nimm sie wahr, ohne zu bewerten, und kehre zum Atem zurück.

Tipp: Es gibt viele geführte Meditationen als Apps oder Online-Videos – perfekt für den Einstieg.

Unterstützung suchen

Niemand muss alle Herausforderungen allein meistern.
Der Austausch mit Menschen, die dich verstehen und ermutigen, kann neue Perspektiven eröffnen und Kraft geben.

Praxisbeispiel:
Suche dir eine Gesprächspartnerin oder einen Gesprächspartner, eine Gruppe oder einen Coach, mit dem du offen über deine Wünsche und Sorgen sprechen kannst.

Tipp: Scheue dich nicht, Hilfe anzunehmen.
Oft fühlen sich andere ähnlich, und gemeinsames Wachstum tut gut.

Der Kreis schließt sich

Wenn wir Selbstentdeckung und Selbstwirksamkeit miteinander verbinden, entsteht ein kraftvoller Kreislauf: Durch das tiefere Verständnis unserer selbst wachsen wir in unsere Handlungsfähigkeit hinein, und durch unser bewusstes Handeln vertieft sich wiederum unser Selbstverständnis. Dieses dynamische Zusammenspiel führt zu einem erfüllteren, authentischeren Leben. Du bist eingeladen, diesen Weg Schritt für Schritt zu gehen – in deinem Tempo und mit liebevoller Geduld dir selbst gegenüber. Erlaube, dir immer wieder neu zu entdecken, wie viel Kraft in dir steckt und wie du diese Kraft zum Wohle von dir und deiner Umgebung einsetzen kannst.

Es ist ein wunderbarer Prozess des Erwachens und der Entfaltung. Du wirst die Regisseurin oder der Regisseur deines Lebens, der oder die bewusst gestaltet, mutig handelt und mit offenem Herzen auf die Zukunft blickt.

Zuhören - begleiten - ermutigen

Echte Begleitung entsteht durch aktives Zuhören – dem ehrlichen Interesse und der offenen Haltung, die es erlaubt, Menschen dort abzuholen, wo sie gerade stehen. Zuhören schafft Raum für das, was sich zeigen will, ohne Druck oder Bewertung. Begleitung heißt auch, Mut zu machen und zu ermutigen, damit das Gegenüber seine eigene Kraft und Lösungen entdecken kann. Dieses Geschenk des Begleitens ist ein Akt der Wertschätzung und Verbundenheit.

Echte Verbindung entsteht durch echtes Zuhören.

In einer Welt, die oft von Hektik und Ablenkung geprägt ist, schenkt uns das bewusste Zuhören einen wertvollen Raum – einen Raum, in dem Menschen sich gesehen, gehört und verstanden fühlen können.

Zuhören ist weit mehr als nur das Aufnehmen von Worten; es ist eine Kunst, die Herzen öffnet und Brücken baut.

Das Geschenk des Zuhörens

Wenn wir wirklich zuhören, schenken wir unserem Gegenüber unsere volle Aufmerksamkeit – ohne zu urteilen, zu unterbrechen oder voreilige Lösungen anzubieten. Es bedeutet, präsent zu sein, ganz im Moment zu verweilen und sich ganz auf die andere Person einzulassen. Dieses bewusste Zuhören schafft Sicherheit und Vertrauen, denn es vermittelt das Gefühl: *„Du bist wichtig, und was du sagst, zählt."*

Für viele Menschen ist das Gefühl, wirklich gehört zu werden, eine tiefgreifende Erfahrung, die sie vielleicht selten gemacht haben. Ein offenes Ohr zu finden, kann Türen öffnen und neue Perspektiven schaffen. Zuhören ist damit eine heilsame Praxis, die oft schon durch ihre bloße Anwesenheit Veränderungen anstößt.

Begleitung statt Belehrung

Begleitung bedeutet, jemanden auf seinem individuellen Weg zu unterstützen, ohne ihm vorzuschreiben, was zu tun ist. Es geht darum, einen Raum zu schaffen, in dem Entwicklung möglich sind – getragen von Empathie, Respekt und Geduld. Begleiter und Begleiterinnen verstehen, dass jede Lebensgeschichte einzigartig ist und dass Veränderung oft in kleinen Schritten geschieht.

Wenn du begleitest, bist du wie ein Leuchtturm, der Orientierung gibt, ohne den Kurs vorzugeben. Du stehst an der Seite, hörst zu, stellst vielleicht Fragen, die zum Nachdenken anregen, und hältst den Glauben an das Potenzial des anderen aufrecht. So stärkst du das Selbstvertrauen und die Selbstwirksamkeit.

Ermutigung als kraftvoller Impuls

Ermutigung ist mehr als nur aufmunternde Worte. Sie ist ein kraftvoller Impuls, der Menschen darin bestärkt, ihre eigenen Stärken zu erkennen und neue Wege zu wagen. Ermutigung schenkt Mut, aus der Komfortzone herauszutreten, sich Herausforderungen zu stellen und über sich hinauszuwachsen. Dabei ist es wichtig, authentisch zu bleiben und echte Anerkennung auszudrücken – nicht nur Lob, sondern auch das ehrliche Anerkennen von Anstrengung, Entwicklung und Durchhaltevermögen. Ermutigung kann kleine Funken der Zuversicht sein, die im Herzen Wurzeln schlagen und zu großem Wachstum führen.

Die Balance finden

Zuhören, begleiten und ermutigen, erfordern eine sensible Balance zwischen Nähe und Respekt, zwischen Unterstützung und Freiraum. Es ist nicht immer leicht, diese Balance zu halten, besonders wenn man den Wunsch hat, anderen zu helfen. Manchmal fällt es schwer, sich zurückzunehmen und darauf zu vertrauen, dass der oder die andere den eigenen Weg finden wird.

Doch gerade dieses Vertrauen ist grundlegend. Es öffnet Raum für Selbstverantwortung und Selbstentfaltung. Indem du den anderen ermutigst, ihre eigenen Antworten zu finden, stärkst du ihre Autonomie und ihren inneren Kompass.

Die Kraft der Präsenz

Präsenz ist das Herzstück des Zuhörens und Begleitens. Wenn du mit offenem Herzen und voller Aufmerksamkeit da bist, entsteht ein Feld der Begegnung, das Heilung und Entwicklung ermöglicht. Präsenz bedeutet auch, deine eigenen Gefühle und Reaktionen wahrzunehmen und sie in diesem Prozess achtsam zu integrieren.

Du musst nicht alle Antworten haben oder Probleme lösen. Deine reine Anwesenheit, dein Mitgefühl und deine Bereitschaft, wirklich da zu sein, genügt oft. Diese Haltung schafft eine tiefe Verbindung, die weit über Worte hinausgeht.

Selbstfürsorge als Grundlage

Damit Zuhören, Begleitung und Ermutigung gelingen können, ist es wichtig, gut für dich selbst zu sorgen. Nur wer mit sich selbst im Einklang ist, kann anderen authentisch begegnen. Selbstfürsorge bedeutet, deine eigenen Grenzen zu achten, Pausen zu machen und dir regelmäßig Zeit für Erholung und Reflexion zu gönnen.
Wenn du deine eigenen Bedürfnisse wahrnimmst und respektierst, bist du in der Lage, aus einem vollen Herzen heraus zu geben. Das macht deine Unterstützung wirkungsvoller und nachhaltiger.

Gemeinsam wachsen

Zuhören, begleiten und ermutigen sind keine einseitigen Handlungen, sondern Prozesse, die beide Seiten bereichern. In der Begegnung mit anderen öffnen sich neue Perspektiven, Einsichten und Erfahrungen. Dieses gemeinsame Wachstum stärkt nicht nur die Einzelnen, sondern auch das Miteinander und das Gemeinschaftsgefühl.

Wenn wir lernen, uns gegenseitig auf diesem Weg zu unterstützen, schaffen wir eine Kultur der Verbundenheit - die Angst und Konkurrenz durch Vertrauen und Mitgefühl ersetzt.

Gemeinsam wachsen: Verbundenheit statt Vergleich

Wachstum in Gemeinschaft bedeutet, sich verbunden zu fühlen und sich gegenseitig zu unterstützen – ohne sich mit anderen zu messen oder zu vergleichen. Verbundenheit schafft Vertrauen, Offenheit und die Freiheit, Fehler zu machen und aus ihnen zu lernen. Wenn wir den Fokus vom Wettbewerb zum Miteinander verschieben, entsteht ein Raum, in dem jeder sein Potenzial entfalten kann und gleichzeitig das Gemeinsame gestärkt wird.

In einer Welt, die oft von Leistung und Konkurrenz geprägt ist, erscheint das Leben manchmal wie ein Wettlauf. Wir vergleichen uns ständig mit anderen – unsere Erfolge, unser Aussehen, unsere Lebenswege. Doch dieser Vergleich ist häufig eine Falle, die uns von unserem eigenen Potenzial und unserer Freude ablenkt. Er kann Unsicherheit, Neid und Trennung erzeugen, wo eigentlich Raum für Verbindung und Wachstum sein könnte.

Verbundenheit bedeutet, sich als Teil eines größeren Ganzen zu fühlen – als Mensch unter Menschen, eingebettet in Gemeinschaften, die sich gegenseitig tragen. Wenn wir uns auf diese Verbundenheit einlassen, erkennen wir, dass jede oder jeder seinen ganz eigenen Weg geht und dass es keinen Sinn macht, sich zu vergleichen oder zu messen. Vielmehr wird das Leben lebendig, wenn wir einander in unserer Einzigartigkeit achten und feiern.

Gemeinsam wachsen heißt, dass wir uns nicht voneinander abgrenzen, sondern Brücken bauen. Es bedeutet, einander zuzuhören, uns zu unterstützen und die Erfolge der anderen als Inspiration zu sehen, statt als Bedrohung. Wenn wir in einem Geist der Kooperation und des Mitgefühls zusammenkommen, schaffen wir einen Raum, in dem alle wachsen können – auf individuelle Weise und doch verbunden.

Dieser Prozess braucht Mut und Vertrauen. Es erfordert die eigene Verletzlichkeit zu zeigen und gleichzeitig offen zu sein für die Geschichten und Erfahrungen anderer. So entsteht eine gegenseitige Anerkennung, die beflügelt und stärkt.
Wenn wir uns einander auf Augenhöhe begegnen, wird der Vergleich überflüssig, denn wir sehen, dass jeder seinen ganz eigenen Wert hat.

In diesem Sinne ist Verbundenheit ein Gegenmittel gegen Isolation und Einsamkeit.
Sie schenkt uns ein Gefühl von Zuhause, das weit über äußere Umstände hinausgeht. Sie erinnert uns daran, dass wir nicht allein sind, auch wenn unser Weg manchmal einsam erscheint. Dieses Wissen gibt Kraft und Halt.

Auch in schwierigen Zeiten kann Verbundenheit eine Quelle der Hoffnung sein. Wenn wir uns gegenseitig ermutigen und unterstützen, entstehen Netzwerke der Fürsorge und des Vertrauens, die Herausforderungen leichter machen. Gemeinsam können wir Veränderungen bewirken, die wir allein kaum erreichen würden.

Die Entscheidung, Verbundenheit zu leben statt Vergleich, ist ein bewusster Schritt hin zu mehr Achtsamkeit, Empathie und Liebe – für uns selbst und für andere. Sie fordert uns auf, unsere Haltung zu hinterfragen und neu auszurichten. Indem wir die Einzigartigkeit jedes Menschen würdigen und uns auf das Gemeinsame konzentrieren, eröffnen wir einen Raum voller Möglichkeiten und Wachstum.

Mögest du diesen Weg mit offenem Herzen gehen und erfahren, wie bereichernd und kraftvoll es ist, gemeinsam zu wachsen.

Verbundenheit statt Vergleich zu leben, heißt auch, die eigene Geschichte und die der anderen mit Mitgefühl zu betrachten. Es bedeutet, zu erkennen, dass jede oder jeder von uns mit individuellen Herausforderungen, Wunden und Erfahrungen unterwegs ist. Wenn wir diese Vielfalt an Lebenswegen annehmen, entsteht ein tieferes Verständnis dafür, warum Menschen so handeln, wie sie es tun, und wir können ihnen mit mehr Geduld und Wertschätzung begegnen. Dieses Verständnis ist eine Grundlage für echte Gemeinschaft, die über oberflächliche Begegnungen hinausgeht.

In der Praxis zeigt sich Verbundenheit auch darin, dass wir unsere eigenen Bedürfnisse und Grenzen kennen und respektieren, aber gleichzeitig offen bleiben für die Bedürfnisse anderer. Diese Balance zwischen Fürsorge für sich selbst und Fürsorge für andere schafft ein gesundes Miteinander, in dem jeder Raum hat, zu wachsen und sich zu entfalten. Sie schützt vor Erschöpfung und fördert nachhaltige Beziehungen, die auf Vertrauen und Respekt beruhen.

Ein weiterer wichtiger Aspekt von gemeinsamem Wachstum ist die Bereitschaft, voneinander zu lernen. Jeder Mensch trägt einzigartige Talente, Sichtweisen und Weisheiten in sich, die bereichern können. Wenn wir uns darauf einlassen, diese Vielfalt als Schatz zu sehen, gewinnen wir neue Impulse für unsere eigene Entwicklung. Das Teilen von Erfahrungen und Wissen macht uns stärker und mutiger, denn es zeigt, dass wir auf diesem Weg nicht allein sind.

Besonders in Zeiten des Wandels und der Unsicherheit zeigt sich die Kraft der Verbundenheit. Sie ist wie ein sicherer Hafen, der Stabilität und Unterstützung bietet, wenn das Leben stürmisch wird. In solchen Momenten können wir erleben, wie wichtig es ist, sich aufeinander verlassen zu können und gemeinsam Lösungen zu finden. Diese kollektive Stärke lässt uns Herausforderungen besser meistern und neue Perspektiven entdecken.

Nicht zuletzt fördert Verbundenheit auch die Freude am Leben. Gemeinsames Lachen, Teilen von schönen Momenten und das Feiern von Erfolgen verbinden uns auf einer tiefen Ebene und machen das Leben reich und bunt. In solchen Augenblicken spüren wir, wie wertvoll menschliche Beziehungen sind und wie sehr sie unser Wohlbefinden stärken.
Wenn wir den Vergleich hinter uns lassen und uns für die Verbundenheit entscheiden, setzen wir ein kraftvolles Zeichen für eine Kultur des Miteinanders und der Wertschätzung.
Diese Entscheidung trägt dazu bei, eine Welt zu gestalten, in der wir uns gegenseitig inspirieren, stärken und aufbauen – eine Welt, in der jeder sein Potenzial entfalten und mit Freude leben kann.

Dein Hoffnungslicht in der Welt

Jeder Mensch trägt ein Hoffnungslicht in sich – eine einzigartige Kraft, die andere inspirieren und berühren kann. Dieses Licht sichtbar zu machen, bedeutet, authentisch zu leben und die eigene Wahrheit mutig zu teilen. Indem wir unser Hoffnungslicht leuchten lassen, tragen wir dazu bei, die Welt ein Stück heller und liebevoller zu machen.

Es ist ein Geschenk, das weit über uns selbst hinausgeht und andere ermutigt, ebenfalls ihr Licht zu finden und zu entfalten.

Das Hoffnungslicht ist eine leise, aber kraftvolle Flamme, die aus unserem tiefsten Inneren strahlt. Dieses Licht ist mehr als ein Symbol für Optimismus; es ist ein Ausdruck unserer inneren Stärke, unserer Fähigkeit, trotz aller Herausforderungen weiterzugehen, zu wachsen und die Welt um uns herum zu bereichern.

Dein Hoffnungslicht ist einzigartig, denn es trägt deine ganz persönliche Geschichte, deine Werte und Träume in sich. Es ist das, was dich mit Sinn erfüllt und dich motiviert, immer wieder neu anzufangen, zu lieben und zu wirken.

Dieses Licht in dir zu entdecken, heißt, deine eigene Kraft anzuerkennen und zu feiern – die Kraft, die Veränderung möglich macht, die Kraft, die Mut schenkt und die Fähigkeit, auch in schwierigen Zeiten einen Funken Zuversicht zu bewahren. Es ist die innere Stimme, die dich ermutigt, deinen Weg zu gehen, authentisch zu sein und deine Gaben mit der Welt zu teilen. Wenn du dein Hoffnungslicht bewusst lebst, wirst du zu einem Leuchtfeuer für andere, die vielleicht auf ihrem eigenen Weg noch im Dunkeln tappen.

Dein Hoffnungslicht entfaltet sich in kleinen wie großen Gesten – in Worten der Freundlichkeit, im Zuhören, im Annehmen von dir selbst und anderen, in deiner Kreativität, deiner Fürsorge und deinem Mut. Es zeigt sich darin, wie du Herausforderungen begegnest, wie du mit Rückschlägen umgehst und wie du deine Visionen in die Tat umsetzt. Jedes Mal, wenn du dich für das Gute in dir entscheidest, nährst du dieses Licht und lässt es heller strahlen.

Dabei ist es wichtig zu wissen: Du bist nicht allein mit deinem Licht. Wenn viele Menschen ihre Hoffnungslichter verbinden, entsteht ein warmes, strahlendes Netz, das Kraft und Zuversicht in die Welt trägt. Dieses Netzwerk der Verbundenheit kann große Veränderungen bewirken – in Gemeinschaften, in Familien, in Städten und letztlich weltweit. Dein Licht ist ein wichtiger Teil dieses Ganzen.

Manchmal kann es herausfordernd sein, dein Licht leuchten zu lassen – gerade dann, wenn das Umfeld dunkel oder belastend erscheint. Doch gerade in diesen Momenten zeigt sich die wahre Kraft deiner Hoffnung. Sie ist ein Widerstand gegen Verzweiflung und Gleichgültigkeit, ein mutiges Aufbegehren für ein Leben in Sinn, Liebe und Verbundenheit.

Wenn du dich selbst als Quelle dieses Lichts annimmst, wirst du feststellen, wie sehr es auch deine eigene Welt verwandelt.

Um dein Hoffnungslicht zu nähren, ist es hilfreich, regelmäßig innezuhalten und dich mit dir selbst zu verbinden – durch Stille, Meditation, kreative Ausdrucksformen oder Gespräche mit Menschen, die dich inspirieren. So kannst du deine innere Flamme schützen und stärken. Erlaube dir immer wieder neu aufzutanken und dich zu erinnern, warum dein Licht so wichtig ist – für dich selbst und für die Welt.

Dein Hoffnungslicht zu leben heißt auch, die Verantwortung für dein eigenes Leben und dein Umfeld zu übernehmen. Es bedeutet, mutig zu sein, für deine Werte einzustehen und positive Impulse zu setzen. Du brauchst nicht die ganze Welt retten – schon kleine Taten des Mitgefühls, der Achtung und der Nachhaltigkeit bewirken viel. Sie sind Samen, die wachsen und Früchte tragen.

Wenn du dein Hoffnungslicht teilst, schenkst du anderen Orientierung und Motivation. Du wirst zur Inspiration für Menschen, die ihren eigenen Weg suchen und vielleicht selbst Zweifel oder Ängste spüren.
Durch dein Leuchten zeigst du, dass es möglich ist, trotz Unsicherheiten und Herausforderungen voller Hoffnung und Zuversicht zu leben.

Diese innere Kraftquelle wird mit jedem Tag stärker, an dem du sie bewusst pflegst. Sie begleitet dich durch die Höhen und Tiefen des Lebens, schenkt dir Halt und lässt dich immer wieder neu aufbrechen. Sie ist ein Geschenk, das du dir selbst machst – und das du großzügig in die Welt weitergibst.

Mögest du dein Hoffnungslicht mit Freude und Vertrauen in dir tragen, es behutsam hüten und mutig zum Strahlen bringen. Denn in deinem Licht liegt die Kraft, dich und viele andere auf dem Weg zu einem erfüllten, lebendigen Leben zu begleiten. Manchmal mag es so scheinen, als wäre dein Hoffnungslicht nur ein kleiner Funken inmitten einer großen, manchmal dunklen Welt.

Doch gerade dieser Funken hat die Kraft, einen hellen Schein zu entfalten, der weit über dich hinaus wirkt. Jeder Funke kann andere ermutigen, ihre eigenen Lichter zu entfachen. So entsteht eine Kettenreaktion, die Wärme und Zuversicht verbreitet, wo zuvor vielleicht Zweifel und Angst herrschten.

Dein Hoffnungslicht wird zu einem lebendigen Beispiel dafür, dass Veränderung möglich ist, wenn wir uns trauen, uns zu zeigen und authentisch zu leben.

Dieses Licht erfordert Pflege und Achtsamkeit. Es braucht regelmäßige Momente der Ruhe und Selbstreflexion, um nicht zu verlöschen in der Alltagshektik oder angesichts von Herausforderungen. Nimm dir Zeit, um dich mit dem zu verbinden, was dich wirklich nährt – sei es die Natur, ein Gespräch mit einem geliebten Menschen, kreative Tätigkeiten oder einfach das bewusste Atmen und Spüren deines Körpers. So stärkst du deine innere Quelle und schaffst einen Schutzraum für dein Hoffnungslicht.

In einer Welt, die oft von Schnelllebigkeit und Oberflächlichkeit geprägt ist, bist du ein wertvolles Gegenzeichen, wenn du deine Tiefe und Echtheit lebst.

Dein Hoffnungslicht wirkt dann besonders stark, wenn es aus deiner Authentizität und deiner inneren Wahrheit erwächst.

Es lädt andere ein, ebenfalls den Mut zu finden, sich so zu zeigen, wie sie wirklich sind – mit all ihren Stärken, Schwächen und Besonderheiten.

Darüber hinaus hat dein Hoffnungslicht eine besondere Wirkung, wenn du es mit Taten verbindest. Kleine Gesten der Freundlichkeit, das offene Ohr für einen Mitmenschen, das Engagement für eine bessere Welt – all das sind Ausdrucksformen deines Lichts. Sie wirken wie Balsam für die Seele und lassen dich spüren, dass du Teil eines größeren Ganzen bist. So kannst du deine eigene Sinnhaftigkeit vertiefen und die Welt um dich herum ein Stück heller machen.

Es ist wichtig, dich immer wieder daran zu erinnern, dass du nicht perfekt sein musst, um dein Hoffnungslicht zu tragen. Gerade in der Annahme deiner Menschlichkeit und deiner Unvollkommenheit wird dein Licht echt und berührend. Du bist genug, so wie du bist – und deine Bereitschaft, dich einzubringen, macht einen Unterschied. Manchmal sind es gerade die kleinen, unscheinbaren Beiträge, die langfristig die größte Wirkung entfalten.

Wenn du dein Hoffnungslicht weitergibst, erschaffst du einen Kreislauf der Inspiration und des Mutes. Du kannst zu einer Quelle der Ermutigung werden, die andere darin bestärkt, ihren eigenen Weg zu finden und ihre eigene Flamme zu entfachen. So entsteht ein lebendiges Netzwerk von Menschen, die gemeinsam an einer lebenswerteren Zukunft arbeiten – getragen von Hoffnung, Mitgefühl und Verbundenheit.

Schließlich ist dein Hoffnungslicht auch ein Geschenk an dich selbst. Es erinnert dich daran, dass du bedeutungsvoll bist, dass dein Leben Sinn hat und dass du immer wieder neu wählen kannst, dich für das Licht zu entscheiden – egal, wie herausfordernd die Umstände sein mögen.

Dieses Licht trägt dich durch die Dunkelheit und schenkt dir die Kraft, immer wieder aufzustehen und deinen Weg weiterzugehen. Mögest du dein Hoffnungslicht bewahren, nähren und großzügig mit der Welt teilen. Denn in deinem Licht liegt die Kraft, Heilung, Freude und Veränderung zu schenken – für dich selbst und für all jene, die deinen Weg kreuzen.

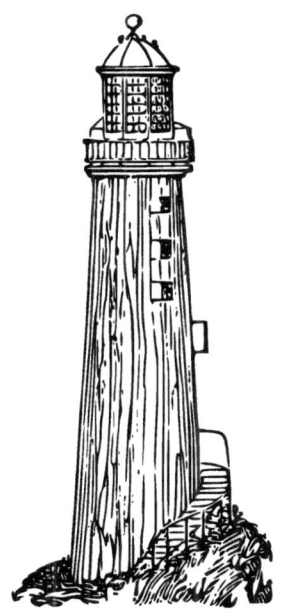

Ausblick

Worte, zum Neubeginn

Die Reise endet nie

Jede Reise, die wir antreten – sei es nach innen zu uns selbst oder hinaus in die Welt – ist ein fortwährender Prozess. Veränderungen geschehen in Wellen, mal langsam, mal sprunghaft. Es gibt keinen endgültigen Punkt, an dem wir sagen könnten: *„Jetzt bin ich angekommen."* Denn Leben bedeutet Entwicklung, Wachstum und immer wieder neue Entdeckungen. Die Reise endet nie – und das ist ein Geschenk.

Diese Reisen sind ein stetiges Werden, das niemals endgültig abgeschlossen ist. So wie ein Fluss unaufhörlich fließt und sich mit jedem Moment verändert, so verändert auch sich unser Inneres und unser Leben beständig. Das bedeutet: Auch wenn du an einem Punkt angekommen bist, an dem du dich selbst mehr erkannt und angenommen hast, bleibt der Weg offen für neue Erfahrungen, Einsichten und Entwicklungen.

Wenn du zurückblickst auf deinen Weg, kannst du staunen über das, was du bereits erlebt und bewältigt hast.
Jede Herausforderung, jede Freude und jeder Schritt hat dich geformt und zu dem Menschen gemacht, der du heute bist.

Nimm dir Zeit, um diesen Weg zu würdigen, dich selbst zu feiern und dankbar zu sein – für das Licht und den Schatten, für das Lernen und das Wachsen. Denn in diesem Rückblick liegt eine wertvolle Kraftquelle, die dir Mut und Vertrauen für das Kommende schenkt.

Vielleicht spürst du gerade, dass etwas in dir wächst – eine neue Idee, ein Gefühl von Zuversicht oder ein Wunsch nach Veränderung. Dieser Impuls ist wie ein zarter Samen, der darauf wartet, gehegt und gepflegt zu werden. Du musst nichts erzwingen. Gib dir einfach Raum hinzuhören. Das Leben kennt den Weg. Manchmal reicht es, einfach achtsam hinzuhören und offenzubleiben für das, was sich entfalten möchte. So kannst du Schritt für Schritt deinen Weg gestalten – mit Neugier, Geduld und Liebe zu dir selbst.

Ordne deine Gedanken und Gefühle, kläre deine Wünsche und gewinne neue Perspektiven. Notiere, was dir auf dem Herzen liegt, was dich bewegt und inspiriert. So entsteht eine Brücke zwischen deinem Inneren und deinem Alltag, die dir Orientierung und Halt gibt.

Die Reise zu dir selbst ist ein lebendiger Tanz aus Loslassen und Annehmen, aus Mut und Rückzug, aus Träumen und Handeln. Sie lädt dich ein, immer wieder neu zu wählen, dich selbst zu entdecken und deine Einzigartigkeit zu leben. Auch wenn der Weg manchmal steinig und herausfordernd ist – er ist es wert, gegangen zu werden.

Mit diesem Buch hast du ein Begleiter in der Hand, der dich erinnern möchte: Du bist wertvoll, du bist kraftvoll, und du bist verbunden – mit dir selbst und mit der Welt um dich herum. Möge dein Weg dich immer wieder zu dir selbst führen, dich stärken und inspirieren. Und so endet dieses Kapitel nicht wirklich, sondern öffnet den Raum für alles, was noch kommen mag. Die Reise endet nie – sie beginnt jeden Tag neu.

Chancen sind wie Sonnenaufgänge - wird dir ein neuer Morgen geschenkt, so wird dir eine neue Chance zur Veränderung ermöglicht.

– Eine Geschichte vom Licht im Dunkeln –

Es gab einen Weg, der früh begann – lange, bevor ich verstand, was Wege eigentlich sind.

Ich trug viel – zu viel – für kleine Schultern. Nicht aus Heldentum, sondern weil niemand sonst es tat. Weil es mir niemand beibrachte, wie man leicht lebt.

Zu Hause gab es viel Schweigen und viele Sorgen. Mein Vater verschwand in einer anderen Welt – der Sucht. Meine Mutter kämpfte einen stillen Kampf für die kranken Geschwister.

Ich war das Kind, das Verantwortung trug, während andere spielten. Umgeben von Krankheit, Anderssein und ständiger Unruhe wurde ich früh zur Beobachterin – und zur Trägerin von mehr als ein Kinderherz begreifen kann. Die Welt draußen war nicht gnädiger. Ich erlebte Gewalt, wechselte oft die Schule, verlor Orte und Menschen – manchmal leise, manchmal abrupt.

Und mein eigener Körper wurde zum Schauplatz weiterer Kämpfe. Trauma, Autoimmunerkrankungen, Erschöpfung, Rückzug – das Leben rüttelte, riss, schwieg.

Und doch war da immer etwas in mir, das blieb. Vielleicht war es nur ein Hauch von Hoffnung – kaum hörbar, kaum spürbar, aber da. Ein leiser Gedanke: Es muss mehr geben als dieses Dunkel. Und dieser Gedanke war mein erstes Licht.

Ich bin oft gefallen. Manchmal tief. Doch jedes Mal wuchs etwas mit mir – ein stiller Mut, eine Sehnsucht nach Sinn, eine Kraft, die nicht laut war, aber echt.

Heute weiß ich: Nicht die Lauten verändern die Welt, sondern die, die fühlen. Diejenigen, die trotz allem ihre Menschlichkeit behalten. Die nicht nur Wege gehen, sondern auch Umwege, Stolperpfade, Neubeginne.

Ich schreibe diese Zeilen nicht, weil ich alles geschafft habe. Ich schreibe sie, weil ich noch hier bin. Weil ich gelernt habe, dass selbst gebrochene Wege zu goldenen Pfaden werden können.

Wenn du also gerade zweifelst, taumelst oder müde bist:
Gib dich nicht auf. Die Reise endet nie – und manchmal beginnt sie genau dort, wo alles verloren scheint.

(Auszug aus meiner Autobiografie, eine Veröffentlichung ist geplant.)

Rückblick auf deinen eigenen Weg

Nimm dir einen Moment Zeit, um zurückzublicken. Welche Schritte hast du bereits gewagt? Welche Erkenntnisse hast du gewonnen?
Vielleicht spürst du Dankbarkeit für das, was du erreicht hast, oder vielleicht auch Neugier auf das, was noch kommt.
Jeder einzelne Abschnitt deiner Reise hat dich zu dem Menschen gemacht, der du heute bist. Erkenne die Kraft und den Mut an, die dich bis hierher getragen haben.

Impuls: Was wächst gerade in dir?

Was spürst du jetzt in deinem Inneren?
Welche Samen sind gerade dabei zu keimen?
Welche Sehnsucht, welcher Traum oder welches kleine Licht macht sich bemerkbar?
Vielleicht ist es ein neuer Wunsch, eine Veränderung oder einfach ein Gefühl von Frieden und Akzeptanz.

Erlaube dir, bewusst wahrzunehmen, was gerade in dir wächst
– ganz ohne Bewertung.
Dieses innere Wachsen ist das, was dich weiterführt und dein Leben lebendig hält.

Schreibe auf, was dir in den Sinn kommt, ohne Bewertung.
Lass die Worte einfach fließen.

Details

Auf deinem Weg

Biografiebegleitung - Die Kraft der eigenen Geschichte verstehen

Jeder Mensch trägt eine Geschichte in sich – geschrieben aus Erfahrungen, Begegnungen, Höhen und Tiefen. Manche Kapitel lesen sich leicht und lichtvoll, andere schmerzen beim Erinnern oder wurden vielleicht tief im Inneren vergraben. Doch unsere Biografie ist mehr als eine Abfolge von Geschehnissen. Sie ist der lebendige Faden, der uns mit uns selbst verbindet – mit unseren Wurzeln, unseren Wendepunkten, unseren Fragen. Biografiebegleitung ist eine achtsame Form der Selbstbegegnung. Sie lädt ein, auf das eigene Leben zurückzuschauen – nicht, um es zu bewerten, sondern um es zu verstehen. Es geht dabei nicht um Perfektion oder lückenlose Erinnerungen, sondern um das ehrliche und liebevolle Hinschauen: *Was hat mich geprägt? Welche Erfahrungen haben mich stark gemacht? Wo bin ich gewachsen – vielleicht sogar dort, wo es besonders schmerzhaft war?*

Diese Form der Begleitung eröffnet Räume, in denen Menschen sich selbst mit mehr Mitgefühl begegnen können. Denn viele von uns tragen unbewusste Erzählungen über sich selbst mit sich – oft entstanden in Kindheit oder früher Jugend. Sätze wie *„Ich genüge nicht"*, *„Ich bin nicht wichtig"* oder *„Ich muss stark sein"* wirken tief in uns fort, selbst wenn sie längst überholt sind. Biografische Arbeit kann helfen, diese inneren Geschichten neu zu betrachten – und manchmal sogar umzuschreiben.

In der Biografiebegleitung geht es nicht darum, Probleme zu analysieren, sondern darum, den roten Faden im eigenen Leben zu entdecken. Das bedeutet auch: Licht und Schatten zu würdigen. Nicht alles muss „gut" gewesen sein, damit es eine Bedeutung hatte. Gerade die Brüche in unserem Lebenslauf, die Verluste oder Krisen, erzählen oft davon, wie viel Kraft, Mut und Anpassungsfähigkeit in uns steckt.

Ein zentrales Element in dieser Arbeit ist das Erzählen – in Worten, Bildern, Gesten oder Symbolen. Oft verändert sich schon etwas, wenn wir unsere Geschichte laut aussprechen dürfen, ohne unterbrochen, beurteilt oder korrigiert zu werden. Biografiebegleitung ist deshalb auch ein Raum des Zuhörens und Gehalten seins. Sie kann dabei unterstützen, Vergangenes zu integrieren und den Blick liebevoll auf die Gegenwart und Zukunft zu richten. Es geht nicht darum, alles zu „verstehen" – sondern darum, im eigenen Lebensfluss wieder beheimatet zu sein.

Die Methode eignet sich für Menschen in Umbruchphasen – etwa beim Übergang in einen neuen Lebensabschnitt, in Lebenskrisen oder wenn der Wunsch nach innerer Klärung laut wird. Aber auch ohne akuten Anlass kann biografische Reflexion sehr heilsam sein: als Weg zu mehr Selbstverständnis, Selbstannahme und innerer Ruhe.

Am Ende steht nicht selten die Erkenntnis:
„Ich bin mehr als die Summe meiner Erfahrungen – aber jede Erfahrung hat mich zu der gemacht, die ich heute bin."

Kunsttherapie - Wenn Worte nicht reichen

Es gibt Momente im Leben, in denen Worte fehlen. Gefühle, die so vielschichtig, diffus oder tief sind, dass sie sich nicht in Sprache fassen lassen. Es sind jene inneren Zustände, die nach einem anderen Ausdruck rufen – nach Farbe, Form, Symbol oder Bewegung. Genau hier beginnt der Raum der Kunsttherapie. Es ist kein ästhetischer Wettbewerb und keine Bühne für Talent. Vielmehr ist sie ein geschützter Raum, in dem die innere Welt sichtbar werden darf – jenseits von Leistungsdenken und Bewertung. Sie eröffnet die Möglichkeit, über kreatives Tun in Kontakt mit sich selbst zu treten. Wer malt, collagiert, modelliert oder zeichnet, begibt sich auf eine Reise nach innen – oft sanft, manchmal tiefgreifend, immer individuell.

Gerade für Menschen, die viel erlebt haben, die Verletzungen mit sich tragen oder sich selbst wieder näherkommen möchten, ist Kunsttherapie ein wertvoller Weg. Sie spricht das Unbewusste an, das oft deutlicher weiß, was in uns vorgeht, als unser Verstand. Beim kreativen Arbeiten dürfen sich innere Bilder zeigen, Emotionen eine Form finden, alte Themen sich wandeln. Nicht selten werden dabei Erkenntnisse möglich, die durch Gespräche allein nicht erreichbar wären. Ein gemaltes Bild kann ein Spiegel sein. Eine geformte Figur, ein Symbol für ein inneres Bedürfnis. Farben können Stimmungen transportieren, Formen Grenzen ausdrücken oder Wünsche sichtbar machen. Kunsttherapie arbeitet prozessorientiert – das heißt, es geht nicht um das Endergebnis, sondern um das, was im Tun selbst geschieht.

Jeder Strich, jede Entscheidung für oder gegen eine Farbe, jedes Loslassen oder Festhalten erzählt eine Geschichte. Auch das Material spielt eine Rolle. Das Arbeiten mit Ton, Papier, Kreide oder Acrylfarben kann unterschiedliche innere Zugänge eröffnen. Manche Menschen spüren beim Kneten von Ton die Verbindung zu ihren Händen und zur Erde – ein Gefühl von Halt. Andere finden in Aquarellfarben Leichtigkeit und Fluss. Kunst ist hier nicht Mittel zum Zweck, sondern Weg und Ausdruck zugleich.

Kunsttherapie darf leise sein oder bunt. Sie darf weinen, wüten, staunen, hoffen. Oft entsteht im kreativen Prozess ein Stück Versöhnung – mit sich selbst, mit dem, was war, mit dem, was noch werden darf. Das kreative Tun kann helfen, Erlebtes zu verarbeiten, innere Bilder zu transformieren, Kontrolle loszulassen oder neue Handlungsspielräume zu entdecken. Ein großer Schatz der Kunsttherapie liegt darin, dass sie über das rationale Denken hinausgeht. Während der Kopf oft analysiert, bewertet oder blockiert, findet die Seele durch Bilder oft ihre eigene Sprache. Für viele Menschen ist das ein Schlüssel zu einem tieferen Selbstkontakt – besonders in Lebensphasen, die mit Worten schwer greifbar sind.

Es geht nicht um Können, sondern um das Sein. Alles, was entsteht, ist gültig. In der Kunsttherapie wird nichts falsch oder richtig gemacht. Es gibt nur den nächsten Pinselstrich, den nächsten Impuls, den nächsten Ausdruck.

Sie steht für den schöpferischen Prozess und die Begegnung mit dem Unaussprechlichen, für Heilung und Vertrauen.

Und vielleicht wirst auch du irgendwann sagen:
„Ich wusste nicht, dass in mir so viel steckt – bis ich es auf Papier gesehen habe."

Scanner-Persönlichkeiten - Leben in Vielfalt

Manche Menschen haben von klein auf ein klares Ziel vor Augen. Sie finden eine Berufung, einen Weg, eine Aufgabe – und gehen diesen Schritt für Schritt. Andere dagegen fühlen sich vom Leben selbst gerufen: von vielen Themen, Interessen, Ideen. Sie tauchen tief ein, um dann weiterzuziehen. Ihre Neugier scheint unerschöpflich, ihre Gedanken lebendig, ihr inneres Feuer schnell entfacht – für immer wieder Neues. Wenn du dich darin wiedererkennst, könnte es sein, dass du eine Scanner-Persönlichkeit bist.

Der Begriff wurde durch die amerikanische Autorin *Barbara Sher* geprägt. Scanner sind Menschen, die vielseitig interessiert sind, sich schwer festlegen können oder wollen und deren innere Landkarte aus vielen „Inseln" besteht: Projekte, Leidenschaften, Begabungen, Ideen.

Während in unserer Gesellschaft oft Klarheit, Beständigkeit und Spezialisierung als besonders wertvoll gelten, stehen Scanner häufig vor der Herausforderung, sich erklären oder rechtfertigen zu müssen – für ihren bunten Lebenslauf, ihre wechselnden Interessen oder ihre Abneigung gegen starre Strukturen.

Doch in Wahrheit ist diese Vielfalt eine besondere Gabe. Scanner nehmen die Welt in vielen Facetten wahr, sie verknüpfen Wissen aus unterschiedlichen Bereichen, denken quer, lieben das Entdecken und gestalten mit Begeisterung. Ihre Neugier ist Motor, ihre Kreativität grenzenlos – vorausgesetzt, sie dürfen sich in ihrem Tempo entfalten.

Viele Scanner erleben innere Konflikte: *Bin ich sprunghaft? Unentschlossen? Mache ich jemals „etwas fertig?* Die Gesellschaft suggeriert oft, man müsse *„bei einer Sache bleiben",* um erfolgreich oder sinnvoll zu leben. Doch Scanner ticken anders. Ihre Stärke liegt nicht im linearen Weg, sondern in der Vielstimmigkeit ihres Daseins. Sie denken oft vernetzt, erfassen komplexe Zusammenhänge intuitiv und haben die Fähigkeit, Themen aus unterschiedlichsten Blickwinkeln zu betrachten.

Ein Scanner kann sich in eine Sprache, in Kunst, in Psychologie und in Technik verlieben – manchmal gleichzeitig. Und das ist okay. Es geht nicht darum, alles zu Ende zu führen, sondern darum, Erfahrungen zu sammeln, innerlich zu wachsen, das eigene Wesen zu leben. Scanner-Persönlichkeiten sind Pioniere, kreative Freigeister, Querdenkende. Sie bringen Innovation in die Welt, weil sie jenseits von Schubladen denken.

Die Herausforderung liegt oft im Selbstverständnis. Wer sich selbst nur durch äußere Maßstäbe bewertet, fühlt sich als Scanner leicht „falsch". Doch sobald die innere Vielfalt angenommen wird, kann daraus eine Quelle von Kraft entstehen. Es geht nicht darum, alle Wege gleichzeitig zu gehen – sondern sie sich bewusst zu erlauben. Scanner dürfen lernen, ihren ganz eigenen Rhythmus zu akzeptieren und mit einer inneren Landkarte zu leben, die nicht immer geradlinig ist – aber sehr reich.

Ein liebevoller Umgang mit sich selbst ist hier entscheidend. Scanner dürfen sich fragen: Was inspiriert mich gerade? Was ist mein nächster Impuls? Welche Projekte nähren mich, ohne mich zu überfordern? Oft hilft es, verschiedene Interessen in sinnvollen Zyklen zu leben oder thematisch zu verknüpfen.

Und auch Phasen der Ruhe und des Rückzugs sind wichtig – um all die Eindrücke innerlich zu verarbeiten.

Wenn Scanner lernen, ihr Anderssein als Stärke zu begreifen, öffnet sich ein völlig neuer Blick auf das eigene Leben. Dann wird sichtbar: Diese Menschen sind Brückenbauerinnen, Möglichmacherinnen, kreative Gestalter und Gestalterinnen. Ihr Weg ist vielleicht unkonventionell, aber zutiefst lebendig.

Ich selbst habe lange nach einer klaren „Berufung" gesucht – und erkannt, dass meine Berufung nicht die eine Sache ist, sondern das Zusammenspiel vieler Ausdrucksformen. In dieser Erkenntnis liegt große Freiheit.

Vielleicht darfst auch du dir sagen:
„Ich bin nicht zu viel – ich bin vielseitig. Und das ist mein Geschenk an die Welt."

Resilienz - Die innere Kraft, wieder aufzustehen

Es gibt Zeiten im Leben, die scheinen wie ein Sturm. Alles, was eben noch sicher war, gerät ins Wanken. Beziehungen zerbrechen, Krankheiten verändern den Alltag, Verluste reißen tiefe Lücken in die Seele. Vielleicht fühlt es sich dann an, als sei der Boden unter den Füßen verschwunden.
Und doch – irgendwie gehen wir weiter. Vielleicht nicht sofort. Vielleicht nicht ohne Schmerzen. Aber etwas in uns steht wieder auf. Diese stille, oft unauffällige Kraft, die uns durch Krisen trägt, nennt man Resilienz.

Resilienz ist nicht das Vermeiden von Schmerz oder das „schnelle Weitermachen". Es ist auch kein Zeichen von Schwäche, wenn wir straucheln. Resilienz bedeutet vielmehr, trotz allem wieder Tritt zu fassen, innere Ressourcen zu aktivieren, sich auf den Weg zu machen – manchmal langsam, manchmal tastend, aber immer in Richtung Leben. Es ist diese Kraft, die leise sagt: *„Es wird nicht wie früher – aber es kann wieder gut werden."*

In der psychologischen Forschung wird Resilienz oft als psychische Widerstandskraft beschrieben – also als Fähigkeit, mit Belastungen, Stress oder Schicksalsschlägen so umzugehen, dass man nicht dauerhaft daran zerbricht. Doch Resilienz ist mehr als eine psychische Eigenschaft. Sie ist auch eine Haltung dem Leben gegenüber: eine Haltung von Hoffnung, Vertrauen, Selbstfürsorge und innerer Beweglichkeit.

Was viele überrascht: Resilienz ist nicht angeboren, sondern kann gezielt gestärkt werden. Sie entsteht durch Erfahrungen, durch Beziehung, durch Reflexion. Und oft auch durch genau die Krisen, vor denen wir so viel Angst haben. Denn in der Herausforderung liegt – so paradox es klingt – oft der Keim für Entwicklung.

Resiliente Menschen haben nicht unbedingt ein leichteres Leben. Aber sie haben Strategien entwickelt, um mit dem Schweren umzugehen. Sie kennen ihre Grenzen – und wissen, wann es Zeit ist, Hilfe zu holen. Sie haben gelernt, Gefühle zuzulassen, anstatt sie zu verdrängen. Und sie haben die Fähigkeit, auch in dunklen Zeiten nach dem Licht zu suchen – sei es durch ein Gespräch, ein Gebet, eine kreative Ausdrucksform oder durch stille Selbstfürsorge.

Ein zentrales Element der Resilienz ist die Selbstwirksamkeit – also das Gefühl, Einfluss auf das eigene Leben nehmen zu können. Wer sich als handlungsfähig erlebt, wird eher aktiv statt ohnmächtig zu bleiben. Auch die Fähigkeit, sich selbst freundlich und mitfühlend zu begegnen – Selbstmitgefühl – stärkt die seelische Widerstandskraft enorm. Denn wenn wir lernen, uns selbst in Krisen liebevoll zu halten, wachsen wir nicht gegen uns, sondern mit uns.

Ein weiterer Schlüssel liegt in der Akzeptanz. Resilienz bedeutet nicht, alles schönzureden. Sondern die Realität anzuerkennen – auch wenn sie schmerzt – und sich dann innerlich zu fragen: *Was brauche ich jetzt? Was trägt mich? Was liegt in meiner Hand?* Diese Fragen öffnen den Raum für kleine Schritte – und kleine Schritte sind oft die mutigsten.

Resilienz hat auch viel mit Verbundenheit zu tun. Menschen, die sich als Teil eines sozialen Netzes erleben, sind in Krisen besser geschützt. Es muss kein großes Umfeld sein – manchmal genügt ein Mensch, der zuhört, an uns glaubt oder einfach nur da ist. Denn Hoffnung wächst oft im Dialog im echten Kontakt.

In meiner eigenen Lebensgeschichte war Resilienz kein Wort aus einem Fachbuch – sondern ein leiser Begleiter, der mich aufstehen ließ, wenn ich am Boden lag. Ich habe gelernt, dass innere Stärke oft anders aussieht, als wir es uns vorstellen. Sie weint. Sie zittert. Sie zweifelt. Und geht trotzdem weiter.
Wenn du dich also gerade fragst, wie du eine schwierige Phase überstehen sollst, dann sei dir gewiss: Resilienz lebt in dir. Vielleicht leise. Vielleicht verletzt. Aber sie ist da. Und sie wächst – mit jedem Mal, wo du dich entscheidest, nicht aufzugeben.

Vielleicht beginnst du, deine eigene Geschichte neu zu erzählen: nicht als Geschichte der Brüche, sondern als Geschichte deiner Widerstandskraft, deines Wachstums, deiner leisen Siege.
„Ich bin nicht das, was mir passiert ist – ich bin das, was ich daraus gemacht habe.“

Intuition – Die leise Stimme des Herzens

In einer Welt, die von Daten, Fakten und rationalen Entscheidungen geprägt ist, scheint die Intuition oft ein geheimnisvoller, fast mystischer Begriff.

Doch Intuition ist viel mehr als ein Bauchgefühl oder eine vage Ahnung. Sie ist eine tief verwurzelte Fähigkeit, die uns verbindet mit unserem inneren Wissen, unserer Erfahrung und unserem wahren Selbst.

Intuition lässt sich beschreiben als eine Art innere Führung, die nicht durch logisches Denken entsteht, sondern durch ein stilles, unmittelbares Wissen. Es ist die Fähigkeit, auf feine Wahrnehmungen zu achten, auf das, was unausgesprochen bleibt, auf die Bilder, Empfindungen und leisen Impulse, die unser Verstand oft übersieht. Dieses Wissen ist unmittelbar und manchmal überraschend klar, ohne dass wir genau erklären können, wie es zustande kommt.

Für viele Menschen ist es herausfordernd, der eigenen Intuition zu vertrauen – gerade weil wir gelernt haben, dass nur das zählt, was beweisbar und nachvollziehbar ist. Doch gerade in Zeiten großer Unsicherheit, bei wichtigen Entscheidungen oder wenn viele Gedanken wirbeln, kann die Intuition ein wertvoller Kompass sein. Sie hilft uns, authentisch zu bleiben, den eigenen Weg zu spüren und Entscheidungen zu treffen, die nicht nur rational richtig, sondern auch seelisch stimmig sind.

Intuition zeigt sich auf unterschiedlichste Weise. Manche Menschen empfinden sie als inneres Gefühl im Bauch oder Herz. Andere hören eine leise Stimme, bekommen Bilder oder Träume. Manchmal ist es ein plötzliches Wissen, das sich einstellt, wenn man still wird.

Intuition ist sehr individuell und braucht Raum, um sich zu entfalten. Ruhe, Achtsamkeit und ein offener Geist sind wichtige Voraussetzungen, um diese innere Weisheit wahrzunehmen.

Oft wird Intuition mit Spiritualität verbunden, doch sie ist für alle Menschen zugänglich – unabhängig von Glauben oder Weltanschauung. Sie ist ein natürlicher Teil unseres Wesens, ein Geschenk, das uns Orientierung bietet. In der Verbindung mit der Intuition können wir eine tiefere Vertrauensbasis in uns selbst aufbauen, die uns durch Höhen und Tiefen trägt.

Wie kann man die eigene Intuition stärken?
Der Schlüssel liegt im bewussten Innehalten und in der Bereitschaft, auf sich selbst zu hören. Meditative Praktiken, Schreiben, Spaziergänge in der Natur oder kreatives Tun können dabei helfen, den Geist zu beruhigen und die innere Stimme deutlicher wahrzunehmen. Wichtig ist, Urteile oder vorschnelle Entscheidungen auszusetzen und stattdessen eine Haltung der Offenheit zu kultivieren.

In meinem eigenen Leben hat die Intuition immer wieder den Weg gewiesen, besonders in Zeiten, in denen klare Antworten fehlten. Sie war oft die sanfte Kraft, die mich in Unsicherheiten begleitet hat – ein Licht in der Dunkelheit, das mich daran erinnert hat: Du bist auf dem richtigen Weg, auch wenn er gerade nicht geradeaus führt.

Vertrauen in die Intuition bedeutet auch, sich selbst zu erlauben, Fehler zu machen, denn nicht jede Eingebung ist perfekt. Doch selbst Fehlentscheidungen sind wertvolle Erfahrungen, die uns wachsen lassen.

Die Intuition fordert uns heraus, mutig zu sein, auf unser inneres Wissen zu hören und uns nicht nur von äußeren Meinungen leiten zu lassen.

Vielleicht möchtest auch du dir erlauben, deine innere Stimme mehr zu hören und ihr zu vertrauen. Denn in der Verbindung mit deiner Intuition findest du nicht nur Antworten, sondern auch dich selbst – authentisch, ganz und ganz du.

„Deine Intuition ist der Klang deiner Seele – höre hin und vertraue ihr.“

Spiritualität – Die Suche nach dem Sinn jenseits des Sichtbaren

Spiritualität ist ein Wort, das viele Facetten hat und für jeden Menschen etwas anderes bedeuten kann. Für manche ist es der Glaube an eine höhere Macht, für andere die Erfahrung von Verbundenheit mit allem Leben oder auch die Suche nach einem tieferen Sinn, der über den Alltag hinausgeht. Spiritualität ist oft der stille Raum, in dem wir uns selbst begegnen, unsere Werte entdecken und das Leben in seiner Tiefe wahrnehmen.

Im Kern geht es bei Spiritualität um eine innere Haltung des Staunens, der Dankbarkeit und des Vertrauens. Sie eröffnet einen Zugang zu einer Wirklichkeit, die nicht nur aus dem Sichtbaren besteht, sondern auch das Unsichtbare einschließt: das Geheimnisvolle, das Heilige, die universelle Verbundenheit. In Zeiten großer Umbrüche oder persönlicher Krisen kann Spiritualität eine Quelle der Kraft, des Trostes und der Orientierung sein.

Spiritualität ist keine festgelegte Lehre oder Religion – auch wenn viele spirituelle Menschen religiös sind, können andere ganz unabhängig von religiösen Traditionen spirituell leben. Es geht vielmehr um die Erfahrung des Lebens als etwas Ganzem, um das Gefühl, eingebettet zu sein in einen größeren Zusammenhang, und um die Bereitschaft, sich immer wieder auf das Mysterium des Lebens einzulassen.

In meiner Arbeit und meinem Leben habe ich erlebt, wie wertvoll es ist, einen spirituellen Zugang zu haben – nicht als Ersatz für praktische Lösungen oder wissenschaftliches Wissen, sondern als Ergänzung.

Spirituelle Praktiken wie Meditation, Achtsamkeit, Gebet oder Rituale können helfen, den Geist zu beruhigen, den Blick zu weiten und die innere Mitte zu stärken. Sie schenken uns Momente der Stille, in denen wir uns selbst und das Leben auf eine tiefere Weise erfahren.

Spiritualität kann uns auch lehren, Verletzlichkeit als Stärke zu sehen und die Grenzen des Kontrollierbaren anzunehmen. Sie öffnet uns für Mitgefühl – mit uns selbst und anderen – und stärkt das Bewusstsein, dass jeder Mensch Teil eines größeren Ganzen ist. In diesem Sinne fördert sie auch eine Haltung der Verantwortung und des achtsamen Umgangs mit der Welt.
Viele spirituelle Wege laden dazu ein, sich selbst nicht nur als getrennte Persönlichkeit zu sehen, sondern als Teil eines lebendigen, vernetzten Kosmos. Dieses Bewusstsein kann eine tiefe innere Freiheit schenken und den Alltag mit Sinn erfüllen, selbst wenn äußere Umstände schwierig sind.

Wenn wir Spiritualität als persönlichen Schatz entdecken, wird das Leben oft reicher, bunter und erfüllter. Es entsteht eine neue Beziehung zu uns selbst, zu anderen und zum Leben insgesamt – eine Beziehung, die getragen ist von Achtung, Liebe und Hoffnung.
„Spiritualität ist das Licht, das aus dem Innern leuchtet und den Weg erhellt – auch wenn die Welt dunkel scheint."

Übungen

Impulse für dich

Tägliche Reflexionsfragen
Den Tag bewusster erleben

Warum das hilft:
Tägliche Fragen sind wie kleine Anker, die dir helfen, innezuhalten, dich selbst besser kennenzulernen und mehr Bewusstheit in dein Leben zu bringen. Sie wirken wie ein liebevoller Spiegel – still, aber ehrlich.

Nimm dir jeweils 3-5 Minuten Zeit. Nutze ein Notizbuch, spüre in dich hinein ohne Druck und notiere dir deine Gedanken.

Morgendliche Impulse – mit Klarheit in den Tag
Fragen für den Morgen:
- *Was brauche ich heute, um gut für mich zu sorgen?*
- *Wie möchte ich mich heute fühlen?*
- *Welche Qualität möchte ich heute einladen (z.B. Mut, Leichtigkeit, Klarheit)?*
- *Was kann ich heute loslassen, dass mir nicht dient?*
- *Wer oder was inspiriert mich heute?*

Tipp: Wenn du magst, schreibe dir deinen Lieblingssatz auf ein Post-it und klebe ihn sichtbar an den Spiegel.

Abendliche Reflexion – Dankbar für den Tag
Fragen für den Abend:
- *Was hat mir heute gutgetan – auch im Kleinen?*
- *Worin bin ich heute über mich hinausgewachsen?*
- *Was habe ich über mich oder das Leben gelernt?*
- *Was möchte ich mir für morgen mitnehmen?*
- *Wem oder was bin ich heute dankbar?*

Mini-Meditationen & Achtsamkeit
Momente, die tragen

Warum das hilft:
Achtsamkeit hilft, vom Denken ins Spüren zu kommen. Du übst, den Moment zu erleben, ohne zu bewerten.
Gerade in stressigen Zeiten kann ein achtsamer Atemzug ein kraftvoller Neustart sein.

1-Minuten-Atem-Anker
- Setze dich bequem hin.
- Schließe die Augen oder senke den Blick.
- Lege eine Hand auf den Bauch, eine auf das Herz.
- Atme ein – zähle dabei langsam bis 4.
- Halte den Atem einen Moment.
- Atme aus – zähle langsam bis 6.

Wiederhole das 5–6 Mal. Spüre, wie du mehr in dir ankommst.

Tipp: Nutze die Übung vor wichtigen Gesprächen, beim Gedankenkarussell oder als Pause im Alltag.

Natur-Achtsamkeit – Baum berühren, Wind spüren
Gehe in die Natur. Wähle einen Ort, an dem du dich wohlfühlst. Setze dich auf die Erde, berühre einen Baum, schließe die Augen und frage dich:
Was höre ich? Was spüre ich? Was ist jetzt lebendig in mir?

Selbst zehn Minuten draußen können Wunder wirken.
Du regulierst dein Nervensystem und schöpfst neue Kraft.

Warum das hilft:
Innere Bilder wirken oft stärker als Worte.
Sie führen uns zu inneren Ressourcen, stärken unser Vertrauen und helfen, Sicherheit zu spüren – auch mitten im Wandel.

Die Hütte im Wald – ein innerer Kraftort

- Mache es dir bequem.
- Schließe die Augen und stelle dir einen Wald vor.
- Du gehst einen schmalen Pfad entlang, bis du eine kleine Hütte siehst.
- Du trittst ein – *was siehst du? Wie riecht es? Wer oder was ist dort?*
- Dieser Ort gehört dir. Du kannst ihn jederzeit besuchen, wenn du Kraft, Ruhe oder Schutz brauchst.

Tipp: Male oder beschreibe deine Hütte nach der Reise.
Gib ihr einen Namen.
Vielleicht wird sie dein sicherer innerer Rückzugsort.

Biografische Impulse
Die eigene Geschichte neu entdecken

Warum das hilft:
Die eigene Biografie ist wie ein Mosaik aus Erlebnissen, Erinnerungen, Entscheidungen und Wendepunkten. Wenn wir sie achtsam und wohlwollend betrachten, beginnen wir zu verstehen, wie wir zu dem Menschen wurden, der wir heute sind – und wie viel Kraft, Wandel und Entwicklung bereits in uns liegt. Diese Übungen helfen dir, deine Lebensgeschichte nicht nur zu erzählen, sondern neu zu deuten – jenseits von Schuld oder Scheitern.

Die Lebenslinie zeichnen
Nimm ein großes Blatt Papier (z. B. DIN A3) und zeichne eine Linie – sie kann gerade, wellig oder geschwungen sein. Trage darauf wichtige Stationen deines Lebens ein: Wendepunkte, Umbrüche, Erfolge, Verluste, Neubeginne.
Du kannst auch Farben oder Symbole verwenden.

Leitfragen zur Reflexion:
* *Welche Ereignisse haben mich besonders geprägt?*
* *Wo habe ich Stärke gezeigt, auch wenn es sich nicht so anfühlte?*
* *Welche Phasen meines Lebens möchte ich noch einmal würdigen?*
* *Was darf ich loslassen?*

Tipp: Betrachte deine Lebenslinie nicht als Bewerbungslebenslauf, sondern als lebendiges Bild deiner inneren Entwicklung.
Du kannst sie jederzeit ergänzen oder neu zeichnen.

Warum es wirkt:
Viele unserer heutigen Gefühle oder Blockaden stammen aus Kindheitserfahrungen. Diese Übung ermöglicht dir, deinem Jüngeren Selbst zuzuhören und es zu stärken.

Dialog mit dem inneren Kind

Übung:
Schreibe einen Brief an dein jüngeres Ich – vielleicht an das Kind mit 7, 10 oder 16 Jahren.

Was hätte es gebraucht?
Was möchtest du ihm heute sagen?
Welche Stärken siehst du rückblickend in ihm?

Das Narrativ umschreiben – Neue Sicht gewinnen

Jede Geschichte kann aus verschiedenen Perspektiven betrachtet werden.
Diese Übung hilft dir, alte Erzählmuster zu erkennen und einen neuen, kraftvolleren Blick auf dich zu finden.

Beispiel:
Alt: *„Ich habe so viele Jobs nicht geschafft – ich bin einfach zu sprunghaft."*

Neu: *„Ich habe vieles ausprobiert, weil ich mutig war, meiner Vielseitigkeit zu folgen."*

Fragen zur Umdeutung:
- Was war trotz der Schwierigkeit meine Stärke in dieser Situation?
- Was habe ich gelernt – über mich, über das Leben?
- Welche neue Geschichte möchte ich mir selbst erzählen?

Warum das hilft:
Nicht alle inneren Prozesse lassen sich in Worte fassen.
Kreative Methoden ermöglichen uns, mit Farben, Formen oder Bewegungen das auszudrücken, was tief in uns wirkt – oft überraschend heilsam.

Gefühle in Farben – ein Stimmungsbild malen

- Wähle eine Farbe für jedes Gefühl, das du heute in dir spürst.
- Male damit Formen, Flächen, Linien – ohne Anspruch auf Kunst.
- Betrachte dein Bild: Welche Farbe dominiert? Wo ist Bewegung, wo Ruhe?
- Reflektiere dein Bild mit den Fragen.

Reflexionsfragen:
- Welches Gefühl braucht heute mehr Raum?
- Welche Farbe schenkt dir Kraft?
- Möchtest du deinem Bild noch etwas hinzufügen?

Tipp: Verwende Pastellkreide, Wachsmalstifte, Aquarellfarben oder einfach Buntstifte.
Wichtig ist der Ausdruck, nicht das Ergebnis.

Vision-Collage – Bilder deiner Zukunft

Eine Collage ist ein kreativer Weg, deine Träume, Wünsche und inneren Bilder sichtbar zu machen. Du sammelst Inspirationen und lässt dein Unbewusstes mitreden.

Anleitung:

- Nimm alte Zeitschriften, Bilder, Worte oder Ausdrucke.
- Schneide alles aus, was dich anspricht – spontan, ohne Bewertung.
- Klebe deine Auswahl auf ein großes Blatt.
- Gib der Collage einen Titel: *„Mein mögliches Morgen"* oder *„Mein zukünftiges Ich"* o. ä.

Selbstliebe
Deine Selbstannahme stärken

Warum dieses Thema so wichtig ist:
Viele Menschen wachsen mit der Vorstellung auf, dass sie erst dann liebenswert oder „richtig" sind, wenn sie bestimmte Erwartungen erfüllen – von anderen oder von sich selbst. Doch wahre innere Stabilität entsteht nicht aus Leistung oder Perfektion, sondern aus Selbstannahme: der Fähigkeit, sich selbst mit Mitgefühl zu begegnen – in der eigenen Unvollkommenheit, mit allen Ecken, Kanten und Möglichkeiten.
Diese Übungen helfen dir, dich selbst besser kennenzulernen – und dich mehr und mehr in einem liebevollen Licht zu sehen.

Der Blick in den Spiegel – mit Herz
Nicht nur „sehen", sondern sich wirklich begegnen. Eine Übung, die ungewohnt, aber sehr transformierend sein kann.

Stelle dich vor einen Spiegel. Schau dir in die Augen. Atme tief ein und aus. Dann sprich laut (oder leise) zu dir selbst – wie du zu einem lieben Menschen sprechen würdest.
Sätze, die du ausprobieren kannst:
- *„Ich sehe dich. Und ich bin für dich da."*
- *„Ich bin stolz auf dich."*
- *„Du bist genug – auch heute."*

Tipp: Diese Übung braucht etwas Mut – aber sie wirkt. Du kannst sie morgens nach dem Aufstehen oder abends vor dem Schlafengehen praktizieren.

Selbstliebe
Deine Selbstannahme stärken

Was es bewirkt:
Oft sind wir zu uns selbst härter als zu jedem anderen. Diese Übung hilft dir, deine innere Stimme milder und mitfühlender werden zu lassen.

Der innere Unterstützer – dein Mitgefühlsbrief

Schreibe dir selbst einen Brief – so, als ob du dein eigener liebevoller Freund oder Unterstützer wärst.
Vielleicht geht es um ein Thema, das dich gerade belastet.
Oder um etwas, wofür du dich verurteilst.

Schreibe in diesem Ton:
- *„Es ist okay, dass du dich so fühlst."*
- *„Ich sehe, wie sehr du dich bemüht hast."*
- *„Ich bin hier, um dich zu erinnern: Du darfst Fehler machen und trotzdem wertvoll sein."*

Selbstliebe

Deine Selbstannahme stärken

Warum es hilfreich ist:
Oft handeln wir im Alltag wie auf Autopilot – und vergessen dabei, was uns nährt, stärkt oder Freude schenkt. Diese kleine, regelmäßige Übung bringt dich wieder in Verbindung mit deinen Bedürfnissen.

Selbstfürsorge-Check: Was tut mir wirklich gut?

Nimm dir Zeit (z. B. einmal die Woche), um diese Fragen schriftlich zu beantworten:
- *Was hat mir diese Woche gutgetan?*
- *Was hat mir Energie geraubt?*
- *Was wünsche ich mir mehr in meinem Alltag?*
- *Was kann ich konkret tun, um gut für mich zu sorgen?*

Beispiele:
- Ein Spaziergang ohne Handy
- Zeit mit einem Lieblingsbuch
- „Nein" sagen – ohne Schuldgefühl
- Etwas Leckeres nur für dich kochen

Tipp: Du kannst eine Kraftquellen-Liste erstellen mit kleinen Selbstfürsorge-Momenten und sie immer wieder ergänzen. Bewahre sie sichtbar auf.

Selbstliebe
Deine Selbstannahme stärken

Wirkung:

Selbstannahme bedeutet auch, den eigenen Körper zu würdigen – nicht, weil er „perfekt" ist, sondern weil er dich durchs Leben trägt. Diese Übung hilft dir, Dankbarkeit statt Kritik zu kultivieren.

Ein Dank an den eigenen Körper

Lege eine Hand auf dein Herz oder auf eine andere Stelle deines Körpers. Atme bewusst. Dann sprich (laut oder leise):

- *„Danke, dass du atmest."*
- *„Danke, dass du für mich gehst, hältst, trägst."*
- *„Ich sehe deine Narben – und die Wege, die du gegangen bist."*

Du kannst auch einen kleinen Brief an deinen Körper schreiben – oder ein Gedicht.

Wichtig ist, dass du in Verbindung gehst – jenseits der Bewertungen.

Rituale
Alltagsanker schaffen

Warum Rituale so kraftvoll sind:
In einer Welt, die oft laut, fordernd und schnelllebig ist, sind Rituale wie kleine Inseln der Verlässlichkeit. Sie schenken Struktur, Sicherheit – und vor allem: einen Moment zum Durchatmen. Rituale müssen nicht groß oder aufwendig sein.
Es sind wiederkehrende Handlungen, die du mit Bedeutung füllst. Und genau darin liegt ihre Kraft: Sie bringen dich zurück zu dir, ins Jetzt, ins Wesentliche.

Was sie bewirken:
Der Morgen legt oft den Grundstein für den ganzen Tag. Ein achtsamer Start hilft dir, dich innerlich zu verankern – bevor der äußere Trubel beginnt.

Morgenrituale für einen bewussten Start

<u>Mögliche Rituale:</u>
- Eine Tasse Tee oder Kaffee in Stille genießen – ohne Handy
- Drei bewusste Atemzüge am offenen Fenster
- Ein Morgengedanke wie: „Was brauche ich heute oder wie will ich heute leben?"
- Einen kurzen Impulssatz schreiben, z. B. „Heute schenke ich mir ... Geduld."

Tipp: Schaffe dir eine kleine „Morgeninsel" – 10 Minuten nur für dich. Nicht als Pflicht, sondern als Geschenk.
Du wirst den Unterschied spüren.

Warum sie helfen:

Abends sind wir oft noch im „Tun-Modus". Rituale helfen, den Tag bewusst abzuschließen, loszulassen – und dich wieder mit dir selbst zu verbinden.

Abendanker – zur Ruhe kommen

<u>Ideen:</u>

- Eine kleine Dankbarkeitsliste: *„Was war heute schön?"* (z. B. ein Lächeln, ein Gespräch, ein Sonnenstrahl)
- Einen „Gedankenparkplatz" anlegen: Alles aufschreiben, was noch im Kopf kreist – und loslassen.
- Eine entspannte Atemübung im Bett: Einatmen – annehmen. Ausatmen – loslassen.
- Ein kurzer Körper-Check-in: *„Was brauche ich jetzt?"*

Ritual-Tipp:

Zünde eine Kerze an, trinke einen beruhigenden Tee oder schreibe ein paar Zeilen ins Tagebuch. Dein Abend darf weich sein.

Rituale
Alltagsanker schaffen

Was sie bewirken:
Gerade in Zeiten des Wandels (Arbeitsplatzwechsel, Jobverlust, Trennung, neuer Lebensabschnitt) helfen Rituale, Übergänge bewusst zu gestalten.

Übergangsrituale bei Veränderungen

Vorschläge:
- Schreibe einen Brief an die vergangene Zeit – und verbrenne oder vergrabe ihn symbolisch.
- Lege ein kleines Abschiedsritual fest: z. B. ein Spaziergang mit Musik, ein Bild malen, das dich verabschiedet.
- Begrüße das Neue: z. B. mit einer Kerze und dem Satz: *„Ich bin offen für das, was kommen darf."*

Hinweis:
Du darfst auch eigene Rituale erfinden – sie müssen sich für dich stimmig anfühlen.

Rituale
Alltagsanker schaffen

Warum sie wertvoll sind:
Nicht immer haben wir Zeit für große Auszeiten. Doch kleine Rituale mitten im Alltag erinnern uns daran, dass wir mehr sind als „Funktionierende". Schon 30 Sekunden bewusster Präsenz verändern dein Erleben.

Mikro-Rituale im Alltag

Mikro-Ideen:
- Die Hände vor dem Arbeiten mit Dank eincremen.
- Vor dem Essen kurz innehalten – *„Danke, dass ich etwas zu essen habe."*
- Beim Händewaschen bewusst atmen.
- Zwischen zwei Aufgaben kurz die Schultern kreisen lassen und fragen: *„Wie gehts mir gerade?"*

Praxis-Tipp:
Kopple Mikro-Rituale an Gewohnheiten, die du ohnehin täglich tust – so verankerst du sie leichter.

Wirkung:
Kreativität ist Nahrung für die Seele. Sie hilft, dich auszudrücken, zu spüren und zu heilen. Rituale können kreative Räume öffnen – jenseits von Bewertung oder Ergebnisdruck.

Kreative Rituale für Herz & Seele

Impulse:
- Einmal die Woche: 15 Minuten intuitiv malen oder schreiben – einfach, was kommt.
- Ein „Ich-sehe-dich"-Tagebuch führen: Jeden Tag etwas festhalten, was dich bewegt hat.
- Musikritual: Ein Lied pro Tag – bewusst gehört, vielleicht dazu tanzen oder mitsingen.

Tipp:
Kreativität muss nicht schön sein. Sie darf wild, roh, ehrlich sein. Dein Ausdruck ist einzigartig – feiere ihn.

Abschließende Anregung:
Stell dir Rituale wie kleine Leuchtfeuer auf deinem Weg vor. Sie leiten dich durch den Alltag, sie wärmen, erinnern, ordnen. Suche nicht nach dem „perfekten" Ritual. Spüre, was sich stimmig anfühlt. Vielleicht beginnst du mit nur einem – und siehst, wie daraus ein neuer innerer Rhythmus wächst.

Warum Selbstreflexion so wertvoll ist:
Selbstreflexion bedeutet, sich selbst in Ruhe zu betrachten – ohne Urteil, mit Interesse. Sie ist wie ein innerer Spiegel, der uns zeigt wo wir stehen, was uns bewegt und wie wir wachsen können. In einer Zeit, in der vieles im Außen passiert, ist der Blick nach innen ein bewusster Akt der Selbstfürsorge.
Er bringt Klarheit, stärkt das Bewusstsein – und öffnet neue Perspektiven.

Wirkung:
Fragen, die berühren, bewegen uns. Wenn wir sie schriftlich beantworten, kommen oft Antworten zutage, die wir in Gedanken überhören. Diese "Journaling-Fragen" kannst du frei wählen – je nach Stimmung oder Thema.

Tagebuch-Fragen für ehrliche Innenschau

Fragen zur Selbstbegegnung:

- Was beschäftigt mich gerade wirklich – unter der Oberfläche?
- Was wünsche ich mir, aber traue mich (noch) nicht auszusprechen?
- Wo lebe ich gegen meine innere Wahrheit?
- Was bedeutet „Ich selbst sein" für mich?
- Was habe ich über mich gelernt – allein in den letzten sechs Monaten?

Tipp zur Umsetzung:
Nimm dir bewusst Zeit – 10 bis 15 Minuten reichen oft. Nutze ein besonderes Notizbuch oder eine digitale App. Mach's dir schön dabei: mit einer Tasse Tee, Musik oder Kerzenschein.

Was die Methode bewirkt:
Oft haben wir innere Konflikte – verschiedene Stimmen in uns, die unterschiedliche Dinge wollen. Diese Übung hilft dir, sie hörbar zu machen und ein Gespräch zwischen ihnen zu führen.

Innere Dialoge führen – Der Stuhlwechsel

- Stelle zwei Stühle gegenüber.
- Setze dich auf den ersten und sprich aus der Sicht einer inneren Stimme (*„Ich will mich verändern!"*).
- Dann wechsle zum zweiten Stuhl: Sprich aus der Perspektive einer anderen inneren Stimme (*„Ich habe Angst davor!"*).
- Lass einen Dialog entstehen.

Tipp: Diese Übung wirkt oft besonders gut, wenn du sie laut sprichst – oder aufschreibst. Du wirst überrascht sein, wie viel Klarheit entsteht, wenn du dir selbst zuhörst.

Selbstklärung mit dem Lebensrad

Das Lebensrad ist eine einfache visuelle Methode zur Standortbestimmung. Es zeigt dir auf einen Blick, in welchen Lebensbereichen du zufrieden bist – und wo du Veränderung wünschst.

Anleitung:
- Zeichne einen Kreis und teile ihn in 8 „Tortenstücke" ein (wie eine Pizza).
- Beschrifte jedes Stück mit einem Bereich deines Lebens: z. B. Gesundheit, Beziehungen, Beruf, Freizeit, Spiritualität, persönliche Entwicklung, Finanzen, Selbstfürsorge.
- Bewerte jeden Bereich auf einer Skala von 1 (sehr unzufrieden) bis 10 (sehr zufrieden).
- Verbinde die Punkte – es entsteht ein „Lebensbild"
- Reflektiere dein Lebensbild.

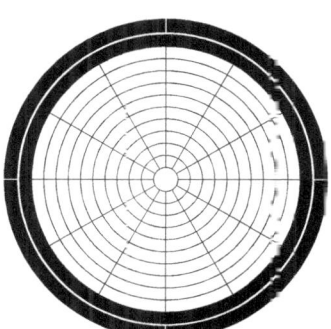

Impuls zur Reflexion:
- *Was fällt dir auf?*
- *Welche Bereiche sind ausbalanciert? Welche nicht?*
- *Wo sehnst du dich nach Wachstum – und was wäre ein erster kleiner Schritt?*

Die 5 ehrlichen Fragen an dich selbst

Diese fünf Fragen kannst du immer wieder zur Klärung nutzen. Besonders in Phasen von Unsicherheit oder Veränderung:

1. *Was tut mir gut – wirklich?*
2. *Was will ich nicht mehr mittragen?*
3. *Was habe ich lange versteckt – und möchte ich zeigen?*
4. *Wofür lohnt es sich, mutig zu sein?*
5. *Wie sähe ein Tag aus, an dem ich ganz ich selbst bin?*

Tipp: Nimm dir pro Frage einen Abend oder einen Spaziergang. Es geht nicht um perfekte Antworten – sondern um ehrliches Spüren.

Bonus-Übung: Der Zukunftsbrief

Mit dieser Übung richtest du deinen Blick liebevoll nach vorn –
und stärkst das Vertrauen in deinen Weg.

- Schreibe einen Brief an dein „Zukunfts-Ich" in 6 Monaten
  oder einem Jahr.
- Erzähle, was du dir wünschst, was du gerade lernst, woran
  du arbeitest.
- Sprich dir Mut zu. Vielleicht so: *„Ich weiß, dass du
  manchmal zweifelst. Aber ich bin stolz auf dich. Du gehst
  – Schritt für Schritt. Und das zählt."*

Optional:
Versieh den Brief mit einem Datum, lege ihn in einen
Umschlag und öffne ihn erst später wieder.
Oder speichere ihn digital mit Erinnerungsfunktion.

Manchmal scheint es, als würde das Leben uns alles auf einmal abverlangen: Kraft, Geduld, Hoffnung, Klarheit – während wir selbst kaum wissen, woher wir all das nehmen sollen.

Doch in jedem Menschen liegen stille Reserven, innere Quellen der Stärke, die oft erst in herausfordernden Zeiten spürbar werden. Genau hier zielt die Arbeit mit Ressourcen und Resilienz an. Was bedeutet das?

Ressourcen sind all die inneren und äußeren Kraftquellen, die uns tragen, nähren und ermutigen.
Sie können ganz unterschiedlich sein:
Erinnerungen, Fähigkeiten, unterstützende Menschen, Werte, Naturerfahrungen, Rituale oder einfach ein Ort, an dem du tief durchatmen kannst.

Resilienz ist die Fähigkeit, trotz Krisen nicht zu zerbrechen, sondern zu wachsen. Sie ist kein „Schutzschild", welches alles abwehrt – sondern eher ein flexibler innerer Kompass, der dich auch im Sturm auf Kurs hält.

Und das Gute ist: *Resilienz ist lernbar.* Durch bewusste Übungen, Selbstreflexion und die Stärkung deiner Ressourcen kannst du dich selbst Schritt für Schritt stabiler und lebendiger in deinem Leben verankern.

Ressourcen erkennen
Deine innere Schatzsuche

Viele unserer Stärken sind uns gar nicht bewusst – weil sie uns selbstverständlich erscheinen oder im Alltag untergehen.
Diese Übung hilft dir, sie sichtbar zu machen:

Die persönliche Ressourcenlandkarte

1. Zeichne auf ein Blatt Papier eine große Sonne mit Strahlen.
2. In die Mitte schreibst du deinen Namen.
3. An die Strahlen schreibst du alles, was dich stärkt:
   - Menschen, die dir guttun.
   - Aktivitäten, die dir Kraft geben.
   - Erinnerungen, auf die du stolz bist.
   - Fähigkeiten, die dich durch schwierige Zeiten getragen haben.
   - Sätze, die dich ermutigen.

Beispiel:
"Meine beste Freundin hört mir wirklich zu."
"Ich bin kreativ – in schwierigen Zeiten habe ich geschrieben oder gemalt."
"Mein Spaziergang im Wald – immer, wenn ich leer bin."

Diese Karte kannst du sichtbar aufhängen – als tägliche Erinnerung an dein inneres Fundament.

Resilienz stärken im Alltag
Sieben Prinzipen, sieben kleine Übungen

Resilienz-Schlüssel
Resiliente Menschen vereinen bestimmte Eigenschaften.
Diese stelle ich dir nun vor mit einer kleinen Übung.

1. Akzeptanz üben
Was ist, darf sein.
<u>Übung</u>: Schreibe drei Dinge auf, die du in deinem Leben nicht ändern kannst – und dann drei Sätze der Annahme dazu.
Beispiel:
„Ich kann meine Vergangenheit nicht ändern. Aber ich kann entscheiden, wie ich heute damit umgehe."

2. Selbstwirksamkeit stärken
Ich kann etwas bewirken.
<u>Übung</u>: Liste fünf kleine Dinge auf die du heute beeinflussen konntest – egal wie klein.
Beispiel:
„Ich habe jemanden angelächelt. Ich habe mich bewegt. Ich habe eine klare Entscheidung getroffen."

3. Zukunftsorientierung
Ich glaube an ein Morgen.
<u>Übung</u>: Male oder schreibe ein Bild deines idealen Morgens in sechs Monaten – wie möchtest du dich fühlen, leben, handeln?

4. Verantwortung übernehmen
Ich bin kein Opfer meiner Geschichte.
<u>Übung</u>: Erkenne an, wo du dich selbst zurückhältst – und was du ändern könntest.
Beginne mit dem Satz: *„Ich übernehme Verantwortung für ..."*

5. Lösungsorientierung
Probleme dürfen Ausgangspunkt für neue Wege sein.
<u>Übung</u>: Wenn dich etwas belastet, formuliere es einmal um: Was wäre eine kleine, konkrete Lösung – heute für den nächsten Schritt?

6. Selbstfürsorge leben
Ich darf mir wichtig sein.
<u>Übung</u>: Plane für diese Woche drei Dinge ein, die nur dir guttun. Und halte sie ein – so, wie du es bei einem wichtigen Termin tun würdest.

7. Beziehungen pflegen
Gemeinsam ist es leichter.
<u>Übung</u>: Schicke heute einer Person, die dir wichtig ist, eine Nachricht – ein Dank, ein Gruß, eine Erinnerung. Nähe beginnt oft ganz leise.

Der Resilienz-Werkzeugkasten
Für schwierige Tage

Du kannst dir einen ganz persönlichen „*Notfall-Koffer*"
zusammenstellen. Mit vielen Ideen, die dir in emotional
schwierigen Zeiten helfen.

- Lege eine kleine Box, ein Glas oder eine Datei an.
- Sammle darin:
  - Fotos, die dich berühren.
  - Zitate oder Sätze, die dich stärken.
  - Atemübungen oder Meditationen.
  - Eine Liste von Menschen, die du kontaktieren
    könntest.
  - Erinnerungen an frühere Erfolge.
  - Kreative Materialien: Farben, Stoffproben, Muscheln,
    ...

Beispiel: Dein Resilienzglas
Fülle ein Glas mit kleinen Zetteln. Auf jedem steht ein Satz
oder eine Erinnerung:
„*Ich habe schon so vieles geschafft.*"
„*Du darfst dich heute ausruhen.*"
„*Atme. Es geht weiter.*"

Resilienz ist nicht nur „sich aufrichten" – sondern auch: das POSITIVE sehen. Gerade in schwierigen Zeiten vergessen wir, wie viel Gutes uns trotzdem umgibt.

Das Gute des Tages

Schreibe jeden Abend drei Dinge auf, die gut waren.
Beispiel:

- *Ich habe mir Zeit zum Kochen genommen.*
- *Die Sonne hat mein Gesicht berührt.*
- *Ich habe eine klare Grenze gezogen.*

Langfristiger Effekt: Wer regelmäßig das Gute notiert, fühlt sich resilienter, zufriedener und hoffnungsvoller.

Resilienz ist kein festes Ziel, sondern ein lebendiger Prozess.

Du musst nicht „stark" sein im herkömmlichen Sinne.
Es reicht dir selbst treu zu bleiben, dich immer wieder aufzurichten – mit Stärke, mit Mut, mit Mitgefühl.

Du darfst wachsen. In deinem Tempo. Mit allem, was du bist.

Impulse für neue Gewohnheiten

Kleine Schritte, große Wirkung

Veränderung geschieht selten in einem großen Knall. Viel häufiger sind es die kleinen Dinge, die leisen Entscheidungen, die scheinbar unspektakulären Routinen, die langfristig einen Unterschied machen.

Genau hier entfaltet sich die stille Kraft neuer Gewohnheiten.

Warum Gewohnheiten so entscheidend sind
Gewohnheiten strukturieren unseren Alltag. Sie bestimmen nicht nur, wie wir leben, sondern auch, wie wir uns fühlen, denken und wachsen.
Ein Großteil unseres Verhaltens ist automatisiert – das spart Energie, kann uns aber auch in Mustern festhalten, die nicht mehr zu uns passen.

Der Schlüssel zu nachhaltigem Wandel liegt daher oft nicht in radikalen Neuanfängen, sondern im bewussten, wiederholten Tun kleiner, gesunder, nährender Schritte.
Jeden Tag ein wenig. Und mit der Zeit entsteht daraus eine neue innere Haltung – liebevoll, klar und lebendig.

Impulse für neue Gewohnheiten
Kleine Schritte, große Wirkung

Neue Routinen etablieren – so gelingt es

1. Klein anfangen – konkret bleiben

Viele Vorhaben scheitern, weil sie zu groß gedacht sind. Statt *„Ich will achtsamer leben"* beginne mit: *„Ich trinke morgens ein Glas Wasser ganz bewusst."*

2. An bestehende Rituale anknüpfen

Neue Gewohnheiten verankern sich leichter, wenn sie an etwas Bekanntes gekoppelt werden.

<u>Beispiel</u>: *„Nach dem Zähneputzen mache ich 2 Minuten Atemübung."* oder: *„Bevor ich morgens mein Handy anmache, atme ich drei Mal bewusst tief ein und aus."*

3. Den inneren Sinn spüren

Frage dich: *Warum ist mir diese neue Gewohnheit wichtig? Was möchte ich damit stärken oder leben?*

Schreibe deinen Beweggrund in einem Satz auf und hänge ihn sichtbar auf. So verbindest du Handlung mit Herz.

4. Scheitern einplanen – und freundlich bleiben

Veränderung braucht Zeit. Rückschritte sind kein Zeichen von Versagen, sondern Teil des Lernprozesses.

Erinnere dich: *Jeder neue Versuch zählt.*

Selbstmitgefühl statt Kritik: *„Ich bin auf dem Weg. Ich probiere es erneut – und das ist mutig."*

Hier findest du einige kleine, wirkungsvolle Impulse, welche du in deinen Alltag integrieren kannst. Probiere aus, was sich für dich stimmig anfühlt:

Morgenrituale – gestärkt in den Tag

- Trinke bewusst ein Glas warmes Wasser mit Zitrone.
- Öffne ein Fenster, atme die frische Luft ein und begrüße den Tag mit einem Satz: *„Danke für diesen neuen Tag."*
- Schreibe 3 Sätze in ein Notizbuch: *Wie möchte ich mich heute fühlen? Was brauche ich dafür? Was lasse ich heute los?*

Achtsamkeit im Alltag – Inseln im Trubel

- Wähle einen Alltagsmoment (z. B. Abwasch, Zähneputzen, Spazieren) und mache ihn bewusst: *Spüre, höre, rieche.*
- Schalte dein Handy zu bestimmten Zeiten bewusst aus oder nutze einen analogen Moment ohne Ablenkung.
- Halte täglich 1–2 Minuten inne: *Was spüre ich gerade? Wie geht es mir?*

Abendroutinen – den Tag rund machen

- Notiere 3 Dinge, die schön waren oder für die du dankbar bist.
- Stell dir die Frage: *Was habe ich heute für mich getan?*
- Lies ein paar Seiten in einem Buch, das dich stärkt oder inspiriert.
- Bereite dir einen Tee zu, lösche alle Lichter außer einer Kerze und verabschiede den Tag achtsam.

Es dauert etwa 21–30 Tage, bis sich neue Gewohnheiten im Gehirn festigen. Wenn du eine neue Praxis 3–4 Wochen lang regelmäßig und freundlich durchführst, steigt die Chance, dass sie zur Selbstverständlichkeit wird.

Tipp: Erstelle einen 21-Tage-Tracker. Jeder kleine Haken motiviert. Und wenn ein Tag fehlt – bleib dran. Es geht nicht um Perfektion, sondern um Entwicklung.

Mikro-Gewohnheiten
- Jeden Tag eine gute Tat für jemand anderen.
- 5 Minuten Musik hören, die dich stärkt.
- 10 Minuten kreativ sein (malen, schreiben, tanzen).
- Eine bewusste Pause nur für dich (ohne To-do).
- Jeden Tag einen Satz der Ermutigung notieren.

*Und vor allem: Gehe **DEINEN** Weg.*

Es gibt keine perfekten Routinen und keine „richtige" Art, den Tag zu gestalten. Was zählt, ist: Sei liebevoll mit dir selbst. Beginne dich und deine Bedürfnisse ernst zunehmen. Du darfst dein Leben, deinen Rhythmus, deinen Alltag nach deinen Bedürfnissen gestalten.

Manchmal reicht ein einziger bewusster Moment am Tag, um dich wieder mit dir selbst zu verbinden.

Glossar

Stichworte kurz erklärt

Glossar
Stichworte kurz erklärt

Dieses Glossar lädt dich ein, zentrale Begriffe aus diesem Buch noch einmal in Ruhe nachzulesen und auf deine eigene Lebensreise zu übertragen. Es ist eine Sammlung von Worten, die mehr sind als nur Definitionen – sie sind Wegweiser, Anker und Impulse. Sie helfen dabei, Zusammenhänge zu verstehen, neue Sichtweisen zu öffnen und das Gelesene tiefer wirken zu lassen. Möge jedes Wort, das du hier findest, dich stärken, inspirieren und begleiten – in deinem ganz eigenen Tempo, auf deinem ganz eigenen Weg.

"Manche Worte sind wie Schlüssel – sie öffnen Türen zu uns selbst."

Achtsamkeit,
ein bewusstes, nicht wertendes Wahrnehmen des gegenwärtigen Moments. Achtsamkeit fördert Klarheit, innere Ruhe und einen liebevollen Umgang mit sich selbst.

Authentizität,
das Leben und Handeln im Einklang mit den eigenen inneren Werten, Gefühlen und Überzeugungen. Authentizität bedeutet, sich selbst treu zu sein – auch im Kontakt mit anderen.

Begabung,
ein angelegtes Talent oder eine besondere Fähigkeit, die sich durch Übung, Interesse und Erfahrung entfalten lässt. Begabungen zeigen sich oft schon in der Kindheit und sind Teil unseres inneren Potenzials.

Biografiearbeit / Biografiebegleitung,

eine Methode der Lebensreflexion, bei der persönliche Lebensgeschichten betrachtet, gewürdigt und neu gedeutet werden. Ziel ist es, Sinnzusammenhänge zu erkennen und sich selbst in der eigenen Geschichte zu verorten.

Blockade (innere),

ein inneres Hindernis, das das freie Erleben, Handeln oder Fühlen einschränkt. Blockaden entstehen oft durch alte Erfahrungen, ungelöste Konflikte oder unbewusste Überzeugungen.

Emotionale Resilienz,

die Fähigkeit, mit emotional herausfordernden Situationen konstruktiv umzugehen und seelisch stabil zu bleiben. Resilienz kann gestärkt werden – durch Selbstfürsorge, Reflexion und Verbundenheit.

Gefühlswelt,

die Gesamtheit unserer inneren emotionalen Erlebnisse. Gefühle wie Freude, Angst, Wut oder Trauer sind wertvolle Signale und helfen uns, unsere Bedürfnisse zu verstehen.

Hoffnung,

eine innere Zuversicht, dass Entwicklung, Heilung oder positive Veränderung möglich ist – auch in schwierigen Zeiten. Hoffnung ist ein psychischer Schutzfaktor und eine innere Kraftquelle.

Inneres Kind,

ein psychologisches Bild für die emotionalen Anteile in uns, die aus unserer Kindheit stammen. Sie beeinflussen unser Erleben, besonders in zwischenmenschlichen Beziehungen, und können durch bewusste Zuwendung integriert werden.

Intuition,

ein unmittelbares inneres Wissen oder Gespür, das nicht über den Verstand, sondern über das Gefühl oder die Wahrnehmung zugänglich ist. Intuition entsteht oft aus Erfahrung und innerer Verbundenheit.

Kreativer Ausdruck,

die Nutzung von künstlerischen Mitteln (z.B. Malen, Schreiben, Musik) zur Verarbeitung von Gefühlen und Erfahrungen. In der Kunsttherapie wird der kreative Ausdruck als Zugang zu unbewussten Anteilen genutzt.

Lebensnarrativ*,

die individuelle Erzählung des eigenen Lebens. Durch das Erzählen und Reflektieren der eigenen Geschichte kann Sinn entstehen und die persönliche Identität gestärkt werden.

Loslassen,

ein bewusster innerer Prozess, in dem Vorstellungen, Erwartungen oder alte Muster aufgegeben werden. Loslassen bedeutet nicht aufgeben, sondern Raum schaffen für Neues.

Persönlichkeitsentwicklung,

der bewusste Prozess des inneren Wachstums, der Selbstreflexion und des Lernens. Ziel ist es, authentischer, selbstbestimmter und erfüllter zu leben.

Potenzial,

die in einem Menschen angelegten Möglichkeiten und Fähigkeiten, die durch Selbstentfaltung sichtbar werden können. Potenziale sind oft verborgen und entfalten sich im Vertrauen und in der Entwicklung.

Psychologische Beratung,

ein unterstützendes, professionelles Gesprächsformat zur Klärung von Lebensfragen, Entscheidungsprozessen oder Krisen. Sie bietet Orientierung, Reflexionshilfe und stärkt die Selbstwirksamkeit.

Ritual,

eine wiederkehrende symbolische Handlung, die Struktur, Halt und Bedeutung vermittelt. Rituale können Übergänge begleiten, den Alltag bereichern und emotionale Prozesse unterstützen.

Routine,

eine regelmäßig wiederholte Handlung oder Gewohnheit, die Sicherheit und Stabilität im Alltag schafft. Routinen können bewusst gestaltet werden, um das Wohlbefinden zu fördern.

Schattenarbeit,

ein Begriff aus der Psychologie und Spiritualität, der das bewusste Hinschauen auf verdrängte oder ungeliebte Persönlichkeitsanteile beschreibt. Ziel ist Integration und Heilung.

Sehnsucht,

ein tief empfundenes inneres Verlangen, das uns Hinweise auf unsere Wünsche, Bedürfnisse und Lebensthemen geben kann. Sehnsucht ist oft ein Impulsgeber für Entwicklung.

Selbstannahme,

die Fähigkeit, sich selbst mit allen Facetten liebevoll anzunehmen – einschließlich Schwächen, Fehlern und Widersprüchen. Selbstannahme ist Grundlage für inneren Frieden.

Selbstfürsorge,

der bewusste Umgang mit den eigenen Bedürfnissen und Grenzen. Selbstfürsorge bedeutet, sich selbst Gutes zu tun, sich ernst zu nehmen und für das eigene Wohlbefinden zu sorgen.

Selbstreflexion,

das bewusste Nachdenken über sich selbst, die eigenen Gefühle, Gedanken, Muster und Verhaltensweisen. Selbstreflexion fördert Selbsterkenntnis und persönliche Reifung.

Selbstwirksamkeit,
der Glaube an die eigene Fähigkeit, Einfluss auf das eigene Leben zu nehmen und Herausforderungen aus eigener Kraft zu bewältigen.

Spürbewusstsein,
die Fähigkeit, feine innere Regungen, Empfindungen und Bedürfnisse wahrzunehmen. Es fördert eine tiefe Verbindung zum Körper und zur inneren Stimme.

Traumatisierung (seelisch),
ein belastendes Erlebnis, das die psychische Integrationsfähigkeit überfordert und tiefe Spuren hinterlassen kann. Heilung ist möglich durch achtsame, traumasensible Begleitung.

Verletzlichkeit,
die Bereitschaft, sich mit den eigenen Unsicherheiten, Gefühlen und Bedürfnissen zu zeigen. Verletzlichkeit ist kein Zeichen von Schwäche, sondern von Mut und Echtheit.

Werte,
persönliche Überzeugungen oder Haltungen, die das eigene Handeln und Entscheiden leiten. Werte geben Orientierung und Sinn – besonders in Phasen der Veränderung.

Würde,
das unantastbare innere Gefühl von Selbstwert und innerer Achtung, das jedem Menschen unabhängig von Leistung oder äußeren Umständen zusteht.

Zugehörigkeit,
das Gefühl, eingebunden, angenommen und verbunden zu sein – mit sich selbst, mit anderen und mit dem Leben. Zugehörigkeit ist ein zentrales menschliches Grundbedürfnis.

Hinweis:
Dieses Buch möchte begleiten, inspirieren und Impulse geben. Es ersetzt jedoch **keine therapeutische Begleitung**.
Wenn du dich in einer seelischen Krise befindest, dich überfordert fühlst oder mit belastenden Gedanken kämpfst, zögere bitte nicht, dir professionelle Hilfe zu suchen.

Es ist ein Zeichen von Stärke, Unterstützung anzunehmen. Es gibt Menschen, die dich verstehen – und dir helfen können, wieder neuen Halt zu finden.

Du bist nicht allein.

Schlusswort

Von Herzen alles Gute

Schlusswort

Wenn du dieses Buch nun zur Seite legst, hoffe ich, dass du spürst: Du bist auf einem wunderbaren Weg – einem Weg zu dir selbst, zu deiner inneren Freiheit und zu einem Leben voller Sinn und Freude.

Jeder Schritt, den du gegangen bist, jeder Impuls, den du aufgenommen hast, ist ein kostbarer Teil deines persönlichen Wachstums. Du hast dir erlaubt, innezuhalten, dich zu reflektieren und dich mit deinem Inneren zu verbinden – und das ist ein Geschenk, das weit über diese Seiten hinausgeht.

Das Leben ist eine lebendige Reise, auf der es immer wieder Neues zu entdecken gibt. Manchmal werden Wege klar, manchmal führen sie uns durch unbekanntes Terrain. Doch eines bleibt beständig: die Einladung, dir selbst treu zu bleiben, deine eigene Stimme zu hören und dein einzigartiges Licht leuchten zu lassen. Du bist mehr als die Summe deiner Erfahrungen, mehr als deine Rollen und Geschichten. Du bist ein wertvoller, schöpferischer Mensch, dessen Potenzial sich stetig entfaltet.

Ich danke dir, dass du dich auf diese Reise eingelassen hast und mir dein Vertrauen geschenkt hast. Möge das, was du hier gefunden hast, dich begleiten und stärken – an Tagen voller Sonne und an Tagen voller Schatten. Möge dein Herz offenbleiben für das Leben, für dich selbst und für die Menschen, die deinen Weg kreuzen.

Und wenn du irgendwann wieder eine Erinnerung brauchst, dass du nicht allein bist, dass Wachstum möglich ist und dass dein Hoffnungslicht die Welt heller macht – dann öffne diese Seiten erneut und lass dich von dir selbst inspirieren.

Ich wünsche dir von Herzen, dass dich diese Reise bereichert hat und du mit Vertrauen und Offenheit in deinen eigenen Weg hineinwächst.

Wenn du magst, begleite ich dich gerne auch bei weiteren Schritten.

Von Herzen alles Gute auf deinem Weg.

Deine

Janne Milla Neufeld

Autorin & Biografiebegleitung

Für mehr Inspiration, Möglichkeiten oder Potenziale:

Schaue gerne auf meiner Website vorbei oder kontaktiere mich per E-Mail.

www.neufeld-lebenspotenziale.de

info@neufeld-lebenspotenziale.de

Autorin

über mich

Über die Autorin

Ich sehe mich als "Lebensbegleiterin" – nicht aus einer theoretischen Distanz heraus, sondern aus gelebter Erfahrung. Mein eigener Weg war alles andere als gerade. Krankheiten, Brüche und Schicksalsschläge haben mein Leben geprägt. Immer wieder war ich gezwungen, innezuhalten, neu zu beginnen, mich selbst zu hinterfragen. Und doch – oder gerade deshalb – sehe ich das Leben heute als Geschenk.

Ich bin ein Mensch mit vielen Interessen, ein Freigeist, eine Suchende – eine sogenannte *Scanner-Persönlichkeit*. In mir lebt die Lust am Lernen, an Entwicklung, an Vielfalt.

Lange Jahre war ich in der *Textil- und Modebranche* tätig, habe *Bekleidungstechnik* studiert und den kreativen Ausdruck durch Stoffe, Formen und Farben gelebt. Mode war für mich nie nur Oberfläche – sie war Ausdruck von Identität und Wandel. Doch tief in mir schlummerte eine andere Sehnsucht: Menschen zu begleiten, zu stärken, zu ermutigen.

Ich absolvierte eine Weiterbildung zur *Praktikerin für die Kunsttherapie* sowie zur *Meditationslehrerin* und entdeckte die heilende Kraft der Kreativität und Stille.

Es folgte die Weiterbildung zur *Biografiebegleiterin* – eine Arbeit, die mir besonders am Herzen liegt, denn sie würdigt das, was Menschen geprägt hat, ohne sie auf ihre Vergangenheit zu reduzieren.

Derzeit befinde ich mich in einer Weiterbildung zur *psychologischen Beraterin* und bilde mich an einer Fernuniversität weiter. Für mich endet Lernen nie. Es ist der Weg, auf dem ich mich lebendig fühle.

Was mich in meiner Arbeit besonders bewegt, ist die Vielfalt menschlicher Lebenswege – gerade auch am Rande der Gesellschaft. Ich sehe es als meine Aufgabe, Menschen eine Stimme zu geben, die sich oft übersehen fühlen.
Ich glaube fest daran, dass in jeder Krise auch ein Samen für neues Wachstum liegt. Ich begleite Menschen nicht als Expertin „von außen", sondern als "Mutmacherin" auf Augenhöhe, mit offenem Herzen und echtem Interesse.

Meine Themen sind:
Krisen bewältigen. Hoffnung säen. Intuition stärken. Potenziale entdecken. Ich glaube daran, dass jede und jeder von uns in sich etwas Wertvolles trägt – unabhängig von Lebenslauf oder gesellschaftlichem Status. Es geht nicht darum, perfekt zu sein. Es geht darum, echt zu sein. Und bereit, sich selbst liebevoll zu begegnen.

Meine Liebe zur Kunst, zur Mode, zur Schönheit im Alltäglichen begleitet mich dabei wie ein roter Faden. Ich glaube, dass Stil und Haltung mehr miteinander zu tun haben, als man denkt – es ist ein Ausdruck innerer Verbundenheit.

Ich glaube fest daran:
Chancen sind wie Sonnenaufgänge - wird dir ein neuer Morgen geschenkt, so wird dir eine neue Chance zur Veränderung ermöglicht.

Notizen

Raum für dich

Raum für deine Notizen

Hier ist Platz für deine Gedanken, Erkenntnisse und Wünsche.
Nutze diesen Raum, um deine persönliche Reise festzuhalten,
Ideen oder Impulse für die nächsten Schritte zu sammeln.

_____

_____

_____

_____

_____

_____

_____

_____

_____

_____

_____